小专业
撬动大未来

76 类专业解读　360 度人生规划

高爱玲　主编

河北大学出版社
·保定·

图书在版编目（CIP）数据

小专业撬动大未来：76类专业解读　360度人生规划／高爱玲主编．-- 保定：河北大学出版社，2017.5
ISBN 978-7-5666-1024-9

Ⅰ．①小…　Ⅱ．①高…　Ⅲ．①高等学校－招生－介绍－中国②毕业生－高中－升学参考资料　Ⅳ．① G647.32

中国版本图书馆 CIP 数据核字（2016）第 138489 号

XIAO ZHUANYE QIAODONG DA WEILAI

责任编辑：韩立霞
封面设计：边　然
责任印制：靳云飞

出版：河北大学出版社（保定市七一东路 2666 号）
经销：全国新华书店
印制：保定市北方胶印有限公司
开本：185mm×260mm　1/16
字数：290 千字
印张：15.75
版次：2017 年 5 月第 1 版
印次：2017 年 5 月第 1 次印刷
书号：ISBN 978-7-5666-1024-9
定价：38.00 元

编 委 会

难得的高考志愿填报参考书

“未来人才”编写的《小专业撬动大未来》一书就要问世了，我有幸先睹为快。凭我对“未来人才”的了解，介绍一下这本书的背景，也许会对读者有所帮助。

十年前的一天，我接到一个教育机构的电话，约我到保定给考生家长做一个讲座，讲讲高校本科专业的相关知识，由此认识了“未来人才”的当家人高爱玲老师。高老师给我的印象是热情而干练，精明又豪爽，用当时流行的一个词来概括就是“女强人”。之后的几年，我又去过公司几次，眼看着“未来人才”越做越大，越做越强，形成了规范化、标准化的服务模式，打造出了一支经验丰富的教育顾问精英团队。最近几年，虽然我们联系少了，但公司的网站和博客我经常浏览。我在全国各地做讲座时，每当主办方向我询问如何办好教育类公司时，我总是告诫他们不要急功近利，并把“未来人才”的经验推荐给他们，希望他们能像“未来人才”一样，用心做人，用心做事，扎扎实实迈好每一步，实现高考志愿填报的智能化、科学化和便捷化。

身为高校教师，这些年我一直在做高考志愿填报的研究工作，接受过全国各地无数考生和家长的咨询。前几年，大家咨询的重点还是如何上线不落榜，这两年则转变成了学什么专业好就业：

“好几百个专业，哪个专业将来好发展?”

“我的孩子性格有点怪，不知道适合学什么专业?”

“信息与计算科学为什么是数学专业？学建筑为什么还要会画画呀?”

“金融专业毕业后能进银行吗？学保险将来会不会就是推销保险？”

……

别说我跟不上时代，而是这个世界变化太快。在高等教育迅速大众化的今天，“上大学易，找工作难”已是不争的事实，“瞄准就业选专业”自然就成为广大考生和家长填报志愿时所考虑的第一要素。在志愿表上填专业时，你轻轻一涂，就可能成功——成功得令人炫目；也可能失败——失败得一塌糊涂。有的人对专业望“名”生义，入校后才发现是南辕北辙；有的人钟情于所谓的热门专业，毕业时却遭遇就业寒流；有的人被专业大类录取，殊不知大类里面的专业“气象万千”；甚至有人认为学什么专业无所谓，只要学校牌子硬就行，反正大二时可以重新选专业，等到大一快结束时方知，转专业之难“难于上青天”……

填报志愿的过程实际上是考生依据自己的理想、兴趣、特长以及未来的职业倾向，在高考成绩、学校以及专业之间寻求平衡的一个过程。在最后拍板定夺时，很多考生和家长往往会遇到这样一个两难的问题：是选择一所录取分数高一点的院校中的不喜欢的专业，还是选择一所录取分数低一点的院校中自己喜欢的专业。显然后者要比前者理智一些，毕竟，现代社会分工越来越细，专业特点越来越明显，大部分用人单位招聘时，奉行的还是“专业对口”原则。

有位已经参加工作的名校毕业生说：“我上大学时学的是物理专业，数学课、物理课都很重。我清楚地记得，上第一节高等数学课，数学系的老师说：‘学好数学很重要啊！你们看那些计算机专业招聘或者招研究生的，都愿意要数学专业的……’上第一节物理课时，老师说：‘学好物理很重要啊！你们看那些计算机专业招聘或者招研究生的，都愿意要物理专业的……’我们听了都很激动！进入大四后，许多名企都到我们学校来招聘，我们去应聘时才知道，人家还是愿意要计算机专业的。无奈之下，我们好多同学都选择了跨专业考研。”

如果把学校和专业比作衣服的话，学校的牌子是件大衣，漂亮不漂亮，外人一望而知；专业则像内衣或小棉袄，舒服不舒服只有自己知道。所以，在此提醒广大考生和家长，在填报志愿时，首先考虑的应该还是自己的兴趣爱好和自己适合的领域；其次在兴趣的基础上寻找专业；再次对拥有相同专业的学校进行纵向比较；最后再根据自己的成绩在这些学校中进行选择。

1977 年恢复高考以来，我国共进行了四次大规模的学科目录和专业设置调整修订工作。这四次修订时间分别是：1987 年、1993 年、1998 年、2012 年。现在各高校开设的本科专业是依据教育部 2012 年 9 月颁布的《普通高等学校本科专业目录》制定的。本书对最新版本的本科专业目录，从工具性的角度就学科概述、职业方向分析、专业体验、专家提示、院校推荐等方面一一加以阐述，可操作性强，相信每一位考生和家长读了之后，都会有所收获、有所启发。

是为序。

吕迎春

2016 年 4 月 6 日

（作者系教授，学者，全国唯一连续出版高考志愿专著的专家，教育部“阳光高考”信息平台特聘专家。）

目　录

哲 学 类

一、学科概述

哲学类专业包括：哲学、逻辑学、宗教学、伦理学。

哲学发源于古希腊，它的本意是“爱智慧”，意味着“对智慧的真诚热爱、忘我追求和批判性反省”，因此被称为“智慧之学”。哈佛校训“与柏拉图为友，与亚里士多德为友，更要与真理为友”，短短一句话包含了两个哲学家的名字。可见，真正的哲学可以使我们用睿智的眼光看待生活与实践，指导人们正确地认识世界和改造世界。哲学涉及的内容思辨性强，哲学专业的培养目标并不是掌握某项技能或技术，而是培养一种思维方式。本学科的就业领域比较广，哲学培养的缜密、发散、智慧的思维方式，对工作或报考其他专业研究生都有帮助。

二、职业方向

【职业方向一】高校教师或科研人员

对应专业：本学科所有专业。

职业内涵：在高等学校从事教学或科研工作。

职业发展：教育是民族振兴、社会进步的重要基石。教育部教育发展研究中心与北京科技大学合作，初步形成了《2015 年人力资源强国评价报告》，其最重要的结论是：中国正在跨越门槛，进入人力资源强国行列。人力资源是指能够推动国民经济和社会发展的、具有智力劳动和体力劳动能力的人的总和，包括数量和质量两个方面。可见，强国必先强教。随着教育优先发展战略的落实，高校教师的需求量也随之增长，其表现有三：一是普通高校扩招、民办高校扩建，使得高校教师需求量大；二是高校新开辟的专业需要教师加入；三是文科类或理科类大学向综合类大学迈进需要吸收新鲜血液。

【职业方向二】职业规划师

对应专业：哲学、逻辑学。

职业内涵：针对求职者或在职人员面临的职业问题进行咨询的专业人士。一般供职于职业中介机构或人力资源管理公司。

职业发展：对于没有航向的船来说，任何方向的风都不是顺风。职业规划师就是帮助人们找到人生方向的职业，帮助咨询者认识自我。如果把一个人的职业生涯比作一次旅行，那么职业规划就像是为你画一张地图。社会竞争加剧，不仅求职者及职场人士面临着诸多困境，各大高校也掀起为学生做好职业规划的高潮，可见职业规划师将成为非常流行的职业。

【职业方向三】编辑

对应专业：本学科所有专业。

职业内涵：在报社、期刊社、出版社、文化公司、网站等机构从事平面或网络的文字、网页编辑工作。

职业发展：当今社会是一个信息多元化的社会，报纸、杂志、广播、电视、网络诸家媒体，各自以自己的优势，方便、快捷地传递着多种新闻信息，使人目不暇接。人们利用各种传媒接受的资讯都离不开编辑人员的辛勤工作。不仅传统媒体需要大量编辑人员，网络媒体的异军突起使从业人员在数量需求上远远超过传统媒体。同时，网络编辑的学科背景也发生了显著的变化，既有新闻、计算机方面的专业人员，也有中文、法律、财经、历史、外语等方面的专业人员，有着社会科学背景的编辑逐渐占据主流。

【其他职业方向】新闻记者、中小学德育教师、管理咨询师、心理咨询师、公务员等

三、专业体验

武汉大学哲学专业吴某：

首先大家要明白哲学不等同于马克思主义哲学，更不等同于政治化的马克思主义哲学。马克思主义哲学只是哲学的八个二级学科之一。不仅如此，大学里所学的哲学不是教条，不需死记硬背。大学课堂是自由的、求真的，在大学的哲学课堂上，马克思主义哲学只不过是西方哲学的一个流派而已，任何哲学观点都是可以质疑的，我们要通过不同观点之间的碰撞接近真理。

哲学是思维的学科，需要用大量的时间来思考问题，凡是学过哲学的人都说这门学科使自己受用无穷。虽然它没有教会你“一技之长”，却教会你怎样选择人生之路，怎样走好人生之路。不论你将来从事什么样的职业，有了哲学素养做平台，你的眼光、你的思路都会高人一筹。不必讳言，在眼下这个崇尚“实用哲学”的社会，哲学专业是个不折不扣的冷门专业。不过，随着社会政治、经济、文化和科学技术的发展，哲学的社会价值将不断提高。

四、专家提示

学好此类专业，需要用很多的时间来阅读哲学著作，特别是哲学大师的原著。哲学专业本科生参加工作难度很大。因此，入校起就要做好考研、考博的长远规划，可在条件允许的情况下考取教师资格证。要多参加社会实践和社团活动，广泛涉猎政治、经济、文化等方面的知识。

五、院校推荐

排名	学校名称	等级	排名	学校名称	等级	排名	学校名称	等级
1	中国人民大学	5	6	南京大学	4	11	湖南师范大学	4
2	北京大学	5	7	四川大学	4	12	东北大学	4
3	中山大学	5	8	吉林大学	4	13	山西大学	4
4	武汉大学	4	9	南开大学	4	14	华东师范大学	4
5	复旦大学	4	10	北京师范大学	4			

注：资料摘自邱均平等编著《中国大学及学科专业评价报告（2015—2016）》，科学出版社 2015 年版。全书同。

经济学类

一、学科概述

经济学学科门类包含四个专业门类：经济学类、财政学类、金融学类和经济与贸易类，共17个专业。经济学类包括经济学、经济统计学、国民经济管理、资源环境与环境经济学、商务经济学、能源经济学6个专业。财政学类包括财政学和税收学2个专业。金融学类包括金融学、金融工程、保险学、投资学、金融数学、信息管理经济与金融7个专业。经济与贸易类包括国际经济与贸易、贸易经济2个专业。该门类职业方向较为相似，在下面分析中，将统称为经济学类进行解析。

经济实力是衡量一个国家国际地位的重要标准。现代经济学经历了200多年的发展与完善，有着系统且全面的体系。经济学既揭示生产、分配、交换、消费等经济现象背后的客观规律，又研究一个社会如何解决有限资源与无限需求之间的矛盾。毕业生有比较多的合适岗位：从行业来看，有政府的综合经济管理部门、科研院所的政策研究部门、各类金融机构和企事业单位等；从具体岗位来看，主要从事经济分析、预测、市场营销和经济管理等工作。

二、职业方向

【职业方向一】经济预测、分析人员

对应专业：本学科所有专业。

职业内涵：在政府的综合经济管理部门或企事业单位负责各种市场数据的收集和分析。

职业发展：在市场经济条件下，市场在资源配置中起决定性作用，政府要正确履行其职能充当好“裁判员”与“协调员”的角色，坚持“有所为、有所不为”的原则，做好宏观调控、市场监管，以便规范市场主体行为，促进经济持续稳定地发展。随着我国社会主义市场制度的完善，政府经济管理的职能越来越重要，市场调查和分析的重要性也将越来越明显。这类岗位一般对学历和个人能力的要求很高，而报考人数逐年增长，竞争激烈。

【职业方向二】金融行业从业人员

对应专业：金融学、经济学、保险学、金融工程、信用管理、投资学、国际经济与贸易等。

职业内涵：在金融行业从事柜台业务、银行信贷、理财规划、证券承销、证券咨询、个人资产管理、公司理财、风险管理等相关工作。

职业发展：金融业与我们的生活息息相关。随着国内金融机制的改革，银行金融机构和非银行金融机构的数量都在增加，仅银行金融机构就包括政策性银行、大型商业银行（工、农、建、中、交）、全国性股份制中小型商业银行（招商、浦发、中信、民生、兴业、平安、光大、华夏、广发、浙商、渤海、恒丰），以及城市商业银行、农村商业银行（农村信用社）、中国邮政储蓄银行、外资银行等。金融业在我国仍是一个欣欣向荣的行业，它更加青睐学历高、专业对口的学生。

【职业方向三】注册税务师

对应专业：税收学、财政学、金融数学、经济学。

职业内涵：指依法取得注册税务师执业资格证书，从事税务代理活动。

职业发展：我国的税务师事务所是伴随着改革开放发展起来的新型服务行业，主要从事涉税服务和涉税鉴证业务。从整个社会经济发展来看，税务师起着促进经济主体规范运转的作用。“十三五”期间，大众创业的局面将成为未来五年“中国梦”最具活力的部分。伴随私人经济的繁荣，税务师是每个企业必备的工作岗位。从企业角度来看，税务师能全面梳理和运作与企业相关的税务业务，理解和消化国家税务政策，助力企业发展，所以注册税务师的需求也是很大的。

【职业方向四】注册会计师

对应专业：经济学、财政学、金融学、金融工程、投资学、税收学、金融数学。

职业内涵：依法取得注册会计证书，接受委托从事独立审计和会计查询、服务等工作。

职业发展：注册会计师的身影闪现在现代社会的各个领域，他们成为不可或缺的经济角色。在经济发达国家，注册会计师被誉为“公众利益的守护神”。当前我国经济发展进入新常态。这给注册会计师行业带来了巨大的机遇。例如，随着多层次资本市场改革的完善，挂牌交易的企业越来越多；随着国家“一带一路”战略的深入开展，会有越来越多的国内企业参与到跨国并购、重组、上市的资本逐鹿中去。这些为注册会计师行业拓展新业务领域创造了广阔的空间。

【其他职业方向】会计、出纳员、个人理财顾问、文职人员、期货经济人、报关员、证券交易员、保险经济人等

三、专业体验

四川大学经济学专业谭某：

一直以来，不论考生还是家长对“经济学”这一概念的理解都不是很清晰。很多家长都把经济学“独立”了出来，其实财政学、保险学、国际经济与贸易也是经济学类中的主要专业之一。

不要认为经济学专业的学生仅学经济学的基本理论，其实他们还要了解最新的经济方针、政策、法规以及中外经济发展的历程。经济学专业的主干学科为经济学，此外还要学习大量与经济各环节密切相关的学科知识，例如统计学、财政学、企业管理、市场营销、货币银行学、国际贸易等。在四年的学习中我们要花费大量的时间与数据、数学模型、表格打交道。因此，经济学专业的本科生在数据收集、分析和处理能力上有明显的优势。经济学对数学要求非常高，各种经济理论和模型都是在数学推理的基础上完成的。学好数学没有捷径，需要多做题、多思考、多体会。这个过程虽然辛苦，但是它能培养出缜密的思维和较强的逻辑能力，也就是发现问题和处理问题的能力。

除了学好专业课，社会实践也是非常重要的。我们既要参加一些社团组织以提高自己的筹划、组织、沟通能力，也要参加学术活动，如“大学生经济论坛论文比赛”“全国大学生创业大赛”等。适当的时候还可以参加一些职业资格考试，如注册会计师、证券从业资格等。

四、专家提示

目前，经济、金融仍是每年高考考生报考的大热门，但是因其开设的院校多、就业门槛高，如果你不是毕业于名牌大学或被行业认可的院校，想进入银行系统有一定的难度。

本类专业中分数最高的专业是金融学、金融工程，分数要高出院校最低分的 20 分左右。根据这几年五大国有银行校园招聘的情况来看，经济学、金融学、保险学、会计学、审计学、财务管理、投资学、信用管理、统计学、计算机等专业都是银行招聘的主要专业。

五、院校推荐

排名	学校名称	等级	排名	学校名称	等级	排名	学校名称	等级
1	中国人民大学	5	21	北京师范大学	5	41	浙江工商大学	4
2	中央财经大学	5	22	西北大学	5	42	华东师范大学	4
3	上海财经大学	5	23	江西财经大学	5	43	哈尔滨商业大学	4
4	西南财经大学	5	24	山西财经大学	5	44	福建师范大学	4

续表

排名	学校名称	等级	排名	学校名称	等级	排名	学校名称	等级
5	北京大学	5	25	天津财经大学	5	45	华侨大学	4
6	南开大学	5	26	四川大学	5	46	兰州财经大学	4
7	武汉大学	5	27	西安交通大学	5	47	武汉理工大学	4
8	厦门大学	5	28	重庆工商大学	5	48	广东财经大学	4
9	复旦大学	5	29	浙江财经大学	5	49	陕西师范大学	4
10	中南财经政法大学	5	30	上海交通大学	5	50	华南师范大学	4
11	东北财经大学	5	31	北京交通大学	5	51	湘潭大学	4
12	辽宁大学	5	32	清华大学	5	52	华东理工大学	4
13	山东大学	5	33	华中科技大学	5	53	上海大学	4
14	暨南大学	5	34	河北经贸大学	5	54	河南财经政法大学	4
15	湖南大学	5	35	中山大学	5	55	东南大学	4
16	对外经济贸易大学	5	36	吉林财经大学	4	56	云南财经大学	4
17	南京大学	5	37	重庆大学	4	57	安徽大学	4
18	吉林大学	5	38	河南大学	4	58	西安财经学院	4
19	首都经济贸易大学	5	39	南京财经大学	4	59	华中师范大学	4
20	浙江大学	5	40	兰州大学	4	60	新疆财经大学	4

法 学 类

一、学科概述

法学类专业包括：法学、知识产权、监狱学。

我国正处于全面建成小康社会的决定性阶段，依法治国在党和国家工作全局中的地位更加突出。法学是一门具有一整套独特而严密的范畴体系的学科。本类专业是关于法律问题的知识和理论体系，它研究法、法的现象以及法的成果问题。法学类专业与建设法治社会、落实依法治国战略密切相关。本学科培养从事法律工作的高级专门人才，他们能在国家机关尤其是立法机关、行政机关、检察机关、审判机关工作，也能在企事业单位和社会团体工作，比如仲裁机构、涉外、涉侨等部门和法律服务机构。

二、职业方向

【职业方向一】律师

对应专业：本学科所有专业。

职业内涵：指依法取得律师执业证书，接受委托或者指定，为当事人提供法律服务。

职业发展：以前很多人认为律师就是打官司的，随着社会的进步和人们认识的逐步提高，这一观念逐渐在改变。律师的工作内容分为三部分，即法律策划、法律控制和法律救济。律师业务涉及的领域非常广，可以从一个企业到一个行业，从一个家庭到整个社会。所以，随着我国转变经济发展方式、提高经济发展的质量和效益、推动创新驱动、强化风险防控、加强民生保障等理念的落实，中国的律师业一定会迎来繁荣发展的时期。

【职业方向二】检察官、法官

对应专业：本学科所有专业。

职业内涵：在检察院依法进行法律监督工作，在法院依法从事国家审判工作。

职业发展：十八届四中全会就进一步深化司法体制和社会体制改革，圈定了 84 项改革举措，为改革划定路线图和时间表，并明确提出将保障公正司法，提高司法公信力，增强全民法制观念，推进法治社会建设。长期以来，我国对司法人员等法治工作人员实行与普通公务员基本相同的管理模式，不能充分体现法律职业特点，不利于把优秀人才留在法治工作第一线。为此，我国将建立符合职业特点的司法人员管理制度改革任务，建立健全法治工作人员管理制度，完善职业保障体系，建立法官、检察官、人民警察专业职务序列及工资制度。

【职业方向三】企业法律顾问

对应专业：法学、知识产权。

职业内涵：在企业内部从事法律事务工作，对企业领导者的经营管理工作和重大决策产生重要影响。

职业发展：市场和法治被称为现代文明的两大基石。随着市场经济的纵深发展，企业若想做大做强就必须有法律智囊团。在企业的成长过程中难免会遇到各种难题，例如：因签订的合同存在漏洞使自己蒙受经济损失，或者因没有处理好与员工的关系不得已而进行的仲裁或诉讼，或者公司经营中涉及专利实施、特许经营权、知识产权等专业化非常强的领域……企业如果有自己的法律顾问，就能够规避这些难题，减少经济损失，从而获取更广阔的发展空间。

【其他职业方向】法律职员、文职人员、行政秘书和行政助理、司法助理等

三、专业体验

山东大学法学专业霍某：

法学专业的学习是一个系统的过程，并且与以后的法律工作程序联系密切。例如，一个法律工作者首先要知道法学这个学科的一般运行规律，如一个新案件，首先要对它归类，这样，就涉及了民法、刑法、行政法，只有认真学习了这些法律，我们才能正确地分门别类，找到法律支持。同时由于现代生活的复杂性，百姓的法律问题日益细化，因而也就有了部门法的细分，如商法学、经济法学、知识产权法学、环境法等。所以法学的基本路线是先理论法后部门法，先实体法后程序法，先普通法后特别法。

建立好的法理逻辑，对你一生都有巨大的帮助。如果一个法学专业毕业的学生，确实认真地学习了法学，掌握了一些基本的法理，那么他处理任何问题的时候都会有逻辑性和条理性。这种能力在学习、工作、求职面试的时候都非常重要，这种底蕴不是其他专业所能够比拟的。

四、专家提示

想要成为一名律师必须通过国家司法考试。取得法律职业资格证书，然后在律师事务所实习满一年，才可以向当地人事厅申请律师执业证书。想成为法官、检察官，也必须要通过司法考试。

现在法律人才越来越多，市场趋近饱和，高校法学毕业生的就业率低于平均就业率，但是高水平的法律人才仍然是缺乏的。

五、院校推荐

排名	学校名称	等级	排名	学校名称	等级	排名	学校名称	等级
1	中国人民大学	5	21	上海大学	5	41	内蒙古大学	4
2	北京大学	5	22	兰州大学	5	42	华中科技大学	4
3	中国政法大学	5	23	对外经济贸易大学	5	43	海南大学	4
4	武汉大学	5	24	东北师范大学	5	44	黑龙江大学	4
5	西南政法大学	5	25	华东政法大学	5	45	广西师范大学	4
6	吉林大学	5	26	湘潭大学	5	46	华东理工大学	4
7	厦门大学	5	27	清华大学	5	47	华南理工大学	4
8	南京大学	5	28	华东师范大学	5	48	广西民族大学	4
9	山东大学	5	29	西南民族大学	5	49	郑州大学	4
10	中山大学	5	30	中南大学	5	50	重庆大学	4
11	复旦大学	5	31	湖南师范大学	5	51	安徽大学	4
12	中南财经政法大学	5	32	上海交通大学	5	52	浙江工商大学	4
13	浙江大学	5	33	西北政法大学	5	53	中国人民公安大学	4
14	南京师范大学	5	34	同济大学	5	54	辽宁大学	4
15	华中师范大学	5	35	苏州大学	5	55	西南大学	4
16	南开大学	5	36	湖南大学	5	56	暨南大学	4
17	云南大学	5	37	四川大学	5	57	上海外国语大学	4
18	中央民族大学	5	38	天津师范大学	5	58	北京航空航天大学	4
19	中南民族大学	5	39	西南财经大学	5	59	山西大学	4
20	北京师范大学	5	40	华南师范大学	5	60	北京理工大学	4

马克思主义理论类

一、学科概述

马克思主义理论类专业包括：科学社会主义、中国共产党历史、思想政治教育。

此类专业要求将科学社会主义、中国共产党历史、思想政治教育三部分有机结合起来，旨在研究马克思主义基本理论和方法，分析参悟主要经典著作，以揭示其内在逻辑联系，分析其发展趋势和当代价值，从而为国家和社会发展提供理论指导。毕业生可以在相关科研机构和高等院校从事研究和教学工作，也可以在各级党政机关、政府部门、行政职能部门从事政策研究与管理工作。

二、职业方向

【职业方向一】研究人员

对应专业：本学科所有专业。

职业内涵：在社会科学院所从事马克思主义理论的研究与宣传工作。

职业发展：2015 年 10 月 10 日首届“世界马克思主义大会”在北京大学召开。此次大会，得到世界各国马克思主义研究学者和中国问题研究专家的热烈响应，来自五大洲的 400 余位中外学者与会，120 余位专家学者在论坛发言。我国正处在实现中华民族伟大复兴的关键时期，面临着复杂的新情况、新问题、新挑战，需要马克思主义做出创造性回应。因此研究和总结这些理论和实践对我国的现代化建设有着不可估量的重大意义。但是，相对来说此方面的社会需求是有限的。

【职业方向二】编辑

对应专业：本学科所有专业。

职业内涵：在报社、期刊社、出版社、文化公司、网站等机构从事平面或网络文字编辑工作。

职业发展：随着人们精神消费的日益增长，各类文化产业蓬勃发展。自 2000 年以来，网络媒体竞争逐渐激烈，内容为王的理念被视为网站发展的“圣经”，有着社会科学背景的编辑逐渐占据主流。马克思主义理论专业的学生经过专业的学习，具备了敏锐的洞察力，不仅能够保持坚定的政治立场和政治方向，在重大问题、敏感问题、热点问题上把好关、把好度，还善于研判新闻的价值大小，把最具价值的新闻发掘出来、传播出去，使得要闻版成为重要新闻的首发地、集散地。

【职业方向三】教师

对应专业：本学科所有专业。

职业内涵：在中等或高等学校从事教学或科研工作。

职业发展：2004 年中共中央国务院下发的《关于进一步加强和改进大学生思想政治教育的意见》明确指出，高校思想政治理论课是大学生思想政治教育的主渠道。然而，由于主观认识、客观条件以及历史惯性等原因，当前高校马克思主义理论教育还存在一些问题。马克思主义理论是具有严格科学性和彻底革命性的博大精深的理论体系，它包含着丰富的内容，如何把这一科学理论传授给青年学生，帮助他们形成正确的世界观和人生观，让他们正确认识社会历史的发展规律，是一个需要继续深入研究的大课题。

【其他职业方向】政府政策研究公务员、大型企业市场研究人员、中小学思想品德课教师等

三、专业体验

东北师范大学思想政治教育专业林某：

马克思主义是马克思、恩格斯在 19 世纪工人运动实践的基础上创立的理论体系。马克思主义理论体系包括三部分：马克思主义哲学、马克思主义政治经济学、科学社会主义。它们是马克思、恩格斯受德国古典哲学、英国古典政治经济学、法国空想社会主义的影响，并在此基础上创立的。我们这个专业的出路主要是公务员、教师和科研机构研究人员，当然也有同学在各种报社、杂志社从事编辑工作，在学校做行政和辅导员等工作。

思想政治教育专业是很多人避而远之的专业，但我觉得如果你真感兴趣的话，那就努力学。我们的课程设置有马克思主义经典著作选读、科学社会主义理论与实践、基础外语（含听、说、读、写）、马克思主义基本理论、马克思主义发展史、政治学理论、思想政治教育学理论、中国化马克思主义理论、社会发展理论、中国化马克思主义基本著作选读。马克思本人的理论很有意思，尤其是《资本论》。

还有，我们这个专业学业压力很小，大学期间学习比较轻松，所以要多找机会参加社会实践，考取各种资格证书，或者一入学就坚定考研信心，提前准备考研的课程。

四、专家提示

由于本类专业开设成本低，所以无论是综合类高校还是理工类高校都纷纷上马此类专业，但社会需求有限，就业门槛高。学好本类专业的同时，要加强实践学习，能

灵活地运用理论解释并解决现实中的问题。在大学入学开始就要考虑考研、读博的问题，并为此努力学习基础知识。

五、院校推荐

排名	学校名称	等级	排名	学校名称	等级	排名	学校名称	等级
1	武汉大学	5	21	哈尔滨工程大学	4	41	西华师范大学	4
2	中国人民大学	5	22	上海师范大学	4	42	延安大学	4
3	东北师范大学	5	23	中国政法大学	4	43	沈阳师范大学	4
4	华中师范大学	5	24	合肥工业大学	4	44	南通大学	4
5	南京师范大学	5	25	天津师范大学	4	45	成都理工大学	4
6	复旦大学	5	26	广西师范大学	4	46	山西师范大学	4
7	湘潭大学	5	27	浙江师范大学	4	47	重庆师范大学	4
8	山东大学	5	28	四川师范大学	4	48	海南大学	4
9	华南师范大学	5	29	江西师范大学	4			
10	北京师范大学	5	30	安徽师范大学	4			
11	华东师范大学	5	31	湖北大学	4			
12	陕西师范大学	5	32	西北师范大学	4			
13	湖南师范大学	5	33	首都师范大学	4			
14	西南大学	4	34	哈尔滨师范大学	4			
15	河海大学	4	35	山东师范大学	4			
16	苏州大学	4	36	长安大学	4			
17	南开大学	4	37	云南师范大学	4			
18	武汉理工大学	4	38	河南师范大学	4			
19	中南大学	4	39	福建师范大学	4			
20	河北师范大学	4	40	海南师范大学	4			

公安学类

一、学科概述

公安学类专业包括：治安学、侦查学、边防管理、禁毒学、警犬技术、经济犯罪侦查、边防指挥、消防指挥、警卫学、公安情报学、犯罪学、公安管理学、涉外警务、国内安全保卫、警务指挥与战术。

公安学类的研究范畴包括分析社会治安现状，探究各种治安问题产生的原因，钻研侦察学的理论及技术，预防和控制犯罪。通过公安学的理论和实践，我们会洞悉很多社会现象，如重大节庆时群众活动的安保工作是如何进行的，道路交通管理如何科学地进行，怎样侦察破案，如何办理护照签证等。毕业生可在公安、检察、国家安全等部门从事侦查工作、刑事执法工作，也可以在相关单位从事与预防、控制犯罪相关的教学、科研工作。

二、职业方向

【职业方向一】公安研究人员

对应专业：本学科所有专业。

职业内涵：在相关部门从事警用技术的研究工作，为公安业务和社会公共安全部门提供警用产品。

职业发展：研究领域包括电子信息技术相关领域，如信息网络安全、物联网、特种通信、图像处理和传输以及社会公共安全防范技术，禁毒、反恐防爆领域和交通领域，如交通管理信息技术、交通控制技术、交通管理规划。此外，还涉及安全检查、证件与出入口控制、定位及报警、安全防范、警用防护等方面。此类毕业生适应了"科技强警"战略，他们的工作能提高公安业务工作的科技含量，为全国公安业务和社会公共安全部门提供技术装备和全方位的技术服务。

【职业方向二】公安技术人员

对应专业：侦查学、公安情报学、警犬技术、消防指挥、警卫学。

职业内涵：在公安执法部门从事具体技术性工作，为刑事侦查、消防、安全及交通管理等方面提供工程技术支持。

职业发展：公安机关是国家的行政机关，是人民政府的职能部门，同时它还担负着刑事案件的侦查任务，因此它又与国家的司法机构有密切的联系。公安机关的性质具有双重性，既有行政性又有司法性。公安技术人员需要掌握刑事科学技术方面的基本理论和基础知识，接受技术鉴定方面的基本训练，需要具备痕迹检验、文件鉴定、微量物证分析、公安图像技术等方面的基本能力。现代科技在公安工作中的作用日益突显，该行业对技术人才的需要也会大大增加。

【职业方向三】公安机关人民警察

对应专业：本学科所有专业。

职业内涵：在公安机关警察岗位依法履行法律职务。

职业发展：公安机关的职责包括：预防、制止和侦查违法犯罪活动；防范、打击恐怖活动；维护社会治安秩序；管理交通、消防、危险物品；管理户口、居民身份证、国籍、入境事务和外国人在中国境内居留、旅行的有关事务；维护国（边）境地区的治安秩序；警卫国家规定的特定人员、守卫重要场所和设施；管理集会、游行和示威活动；监督管理公共信息网络的安全监察工作。警察这一职业是维护社会公共安全、公平正义不可或缺的重要力量。

【其他职业方向】大型企业安全保卫人员、法院或检察院司法辅助人员

三、专业体验

中国人民公安大学治安学专业周某：

我们学校的专业基本上都是按照我国公安系统当前的警种和公安工作需要来设置的。近三年我们学校的就业率在97％以上，在公安系统就业的人员占全校毕业生的93％以上。

学校从一入学就对我们进行了职业生涯的规划。警务化管理体现在早上的起床、出操、上课排队、课堂秩序、午休、晚自习制度、请销假制度等，主要是培养学生的自我监控能力。有一些人可能觉得公安院校很枯燥，进行这种警务化管理，会约束学生的天性。其实不然，我们学校在管理上确实是非常严格的，但是文化生活还是比较多的，并且体现了公安警营特色，如我们有自己的特警队、跆拳道队、散打队、警乐团、书画社、游泳队等。

有一些家长和学生有一个误解，认为到了中国人民公安大学读书将来就一定在公安系统就业。国家公务员法是有规定的，公务员系统是逢进必考，也就是说我们的毕业生必须要经过公务员考试，通过以后，择优录取了，才能办理相关的入警手续，才能在公安系统就业。

四、专家提示

中国人民公安大学、中国刑事警察学院、南京森林警察学院、铁道警察学院、中国人民武装警察部队学院、公安海警学院，经省公安厅面试、体能测试（体检）、政审合格的考生可以填报。

学好本类专业的同时，要准备毕业后的公务员考试。同时在校期间要注意锻炼身体，以便顺利通过相关体能测试。

五、院校推荐

排名	学校名称	等级	排名	学校名称	等级	排名	学校名称	等级
1	中国人民公安大学	5	3	中国人民武装警察部队学院	4	5	南京森林警察学院	4
2	西南政法大学	4	4	新疆警察学院	4	6	中国刑事警察学院	4

教育学类

一、学科概述

教育学类专业包括：教育学、科学教育、人文教育、教育技术学、艺术教育、学前教育、小学教育、特殊教育、华文教育。

教育学就是研究“培养什么样的人才、采用什么样的方法进行教育”的一门学科。它通过运用哲学、政治学、生理学、心理学、经济学、社会学等多方面的知识，通过对知识的板块组合，促进学生向“一专多能”的方向发展。教育学研究有关教育的规律、原则、方法等问题，从内容上分为学校教育、家庭教育、社会教育。教育学类专业学生就业方向比较广阔，毕业生可以在各级各类中小学、大中专院校、教育培训机构等单位从事教学、科研、管理以及心理咨询与辅导等工作。

二、职业方向

【职业方向一】教育科研人员

对应专业：教育学、学前教育、特殊教育、小学教育、艺术教育、人文教育、科学教育、华文教育。

职业内涵：在各类教育研究院所从事有关教学规律的研究。

职业发展：教育是一个国家兴旺发达的基础，因此如何提高教育水平、质量及效益永远都是社会关注的话题。近年来，国家和国人对教育的重视程度有了很大提高，教师待遇也在不断提高，教育学类专业正在逐渐成为热门专业。但是随着部分高校改革和高等教育学类专业的持续扩招，教育学类毕业生目前处于供大于求的状况。所以想坚持为教育服务的高考生还需进一步深造。

【职业方向二】教育咨询人员

对应专业：教育学、小学教育、艺术教育、人文教育、科学教育、学前教育、特殊教育。

职业内涵：在各类教育培训机构从事咨询工作及教学、管理等工作。

职业发展：每个家庭都非常重视孩子的教育，但学校教育的时间和范围有限，满足不了每个家庭、每个孩子的需求。在这一背景下，社会培训机构应运而生。目前，市场上各类培训机构非常多，因此社会培训人员将在未来的培训市场中会大有作为。

【职业方向三】幼儿教师

对应专业：学前教育。

职业内涵：在学前教育机构及各类幼儿园从事教学及研究工作。

职业发展："幼儿园短缺""幼师短缺"是我国目前面临的一个重要问题。近年来，幼师的缺口一直都是存在的。随着社会的发展，社会对幼儿教师的需求，尤其是对高素质幼儿师资的需求量越来越大，幼儿师范毕业生供不应求的现象将普遍存在。

【其他职业方向】行政秘书和行政助理、中小学教师、文职人员、人力资源助理等

三、专业体验

陕西师范大学教育学专业学生胡某：

我们每个人都需要学习教育学和心理学，因为它们不但可以培养我们良好的个性品质，而且还对我们今后的生活有帮助。教育学本科毕业之后，可以根据自己的特长去教育机构的相关部门工作。

教育学专业学生可以从事的行业非常广泛，既包括各类院校、社区服务社、咨询组织、文化组织，也包括司法系统、国家级协会、委员会、研究与开发中心，甚至是金融机构和传媒行业。如果喜欢这个专业，并想取得成就，最好的办法就是考研、考博，争取毕业后在教育研究机构就业。

四、专家提示

对教育研究有浓厚兴趣的同学可报考教育学类专业，但如果喜欢教师职业可报考免费师范生或师范院校专业中与高中课程对应的专业（如数学、物理、化学等）。免费师范生不愁就业，有岗有编，但必须回原籍中小学任教 10 年以上，其中到城镇学校工作的免费师范毕业生，会先到农村义务教育学校任教服务两年。

五、院校推荐

排名	学校名称	等级	排名	学校名称	等级	排名	学校名称	等级
1	北京师范大学	5	21	杭州师范大学	4	41	江苏师范大学	4
2	华东师范大学	5	22	云南师范大学	4	42	吉林师范大学	4
3	西南大学	5	23	浙江师范大学	4	43	广西师范学院	4
4	华中师范大学	5	24	福建师范大学	4	44	湖北大学	4
5	东北师范大学	5	25	西华师范大学	4	45	南昌大学	4

续表

排名	学校名称	等级	排名	学校名称	等级	排名	学校名称	等级
6	华南师范大学	5	26	长春师范大学	4	46	海南师范大学	4
7	浙江大学	5	27	重庆师范大学	4	47	山西师范大学	4
8	南京师范大学	5	28	贵州师范大学	4	48	上海外国语大学	4
9	山东师范大学	5	29	沈阳师范大学	4	49	聊城大学	4
10	西北师范大学	5	30	河北师范大学	4	50	郑州大学	4
11	湖南师范大学	5	31	石河子大学	4	51	天津大学	4
12	陕西师范大学	5	32	安徽师范大学	4	52	江西师范大学	4
13	苏州大学	5	33	河北大学	4	53	山西大学	4
14	上海师范大学	5	34	扬州大学	4	54	广西师范大学	4
15	天津师范大学	5	35	南通大学	4	55	广州大学	4
16	四川师范大学	5	36	曲阜师范大学	4	56	湖南第一师范学院	4
17	辽宁师范大学	5	37	内蒙古师范大学	4	57	中央民族大学	4
18	河南大学	5	38	宁夏大学	4	58	东南大学	4
19	哈尔滨师范大学	4	39	鲁东大学	4	59	河南师范大学	4
20	首都师范大学	4	40	新疆师范大学	4	60	青海师范大学	4

体育学类

一、专业概述

体育学类专业包括：体育教育、运动训练、社会体育指导与管理、武术与民族传统体育、运动人体科学、运动康复、休闲体育。

体育学类专业是一门研究和阐明运动训练过程的综合性应用学科。它通过体育训练和对人体解剖学、心理学、生理学等基础课及系列专业课的学习，对运动训练、运动负荷、训练过程的周期等问题进行研究，使毕业生达到系统掌握体育教育、竞技训练、运动保健等方面的基本理论、基本知识和基本技能，熟悉体育教学、运动训练、民族体育等方面的工作规律，并能在上述活动中从事教学、训练、管理、科研、医疗等工作。

二、职业方向

【职业方向一】体育教师

对应专业：体育教育、运动训练、社会体育指导与管理、运动人体科学、武术与民族传统体育。

职业内涵：在各类学校担任体育教师，培养学生良好的运动习惯与技能的工作。

职业发展：上小学、中学、大学的时候，总有一门课能让我们释放压力，并且始终伴随着我们的学业生涯，那就是体育课。任何学校都必须开设体育课，大中城市里的学校，体育老师日趋饱和，县及以下的农村中小学缺口较大，急需有专业水准的体育老师。

【职业方向二】健康指导师

对应专业：运动人体科学、运动康复。

职业内涵：到各类机构从事健康科学和与康复体育相关的指导、服务等工作。

职业发展：随着人们运动、健康意识的增强，对健康指导的需求也呈上升趋势。从社区健身设施，到日渐火爆的各类健身房、运动会所，这些都表明人们需要熟悉各类运动的健康指导师。此外，竞技运动训练基地、运动队都需要专门从事医疗保健工作的人员；康复医院需要康复治疗师；疗养院、社会福利院也同样需要此方面的人才。体育类人才的社会需求量正在逐年上升。

【职业方向三】健身教练

对应专业：体育教育、运动训练、社会体育指导与管理、运动人体科学、武术与民族传统体育、运动康复。

职业内涵：在健身俱乐部指导会员进行科学训练。

职业发展：随着人们生活水平的提高，全民健身正成为生活时尚和新的消费热点。在此背景下，各类健身俱乐部蓬勃发展。健身俱乐部的蓬勃发展为健身教练创造了巨大的市场空间。

【其他职业方向】医院康复科人员、体育产品设计人员、体育产品销售代表等

三、专业体验

北京体育大学运动康复专业李某：

说起运动康复，人们往往会和医生混淆起来。其实运动康复与医院的康复科是不能等同的，康复指导师更不等同于医生。医院康复科重点是放在脑瘫、偏瘫病人身上，希望其获得生活自理能力，提高生存质量，并不期待手术后是否可以获得很好的运动能力；而运动康复的重点是通过特定的指导和训练，帮助患者重新回到职业运动。换句话说，康复看的是功能，而医生看的是病症。

运动康复专业目前面临两个很现实的问题。一是本科生就业形势不理想。国内康复水平非常有限，且大多医院康复科都以神经康复为主，我们学的东西不是没用，而是在大多数情况下，都用不上。二是本科所学的知识量不够、体系不够完善。运动康复专业还属新兴专业，好的康复指导师需要有生物力学、功能解剖学、运动学等相当多重量级科目知识的积淀，本科的学时远远不够，且现在国内康复从业者的基础也不够，需要进一步学习。正如我们老师所说："我们在本科提供给你们的只是大体思路，知识要慢慢填补。"

我们学校的老师都是有能力的人，学校也是开放宽容的平台，你能够争取到你想要的各种资源。

四、专家提示

体育类专业只有体育生或者运动员才能报考，大部分专业不分文理，原则上男生身高不低于 1.70 米，女生身高不低于 1.60 米。其中，运动人体科学只招理科生，需要有体育运动基础，但不用参加体育加试，裸眼视力不低于 4.7。

五、院校推荐

排名	学校名称	等级	排名	学校名称	等级	排名	学校名称	等级
1	北京体育大学	5	21	北京师范大学	4	41	河北体育学院	4
2	上海体育学院	5	22	沈阳体育学院	4	42	集美大学	4
3	华南师范大学	5	23	云南师范大学	4	43	山西师范大学	4
4	华东师范大学	5	24	哈尔滨体育学院	4	44	聊城大学	4
5	苏州大学	5	25	江西师范大学	4	45	华中师范大学	4
6	武汉体育学院	5	26	广西师范大学	4	46	贵州师范大学	4
7	天津体育学院	5	27	曲阜师范大学	4	47	新疆师范大学	4
8	南京师范大学	5	28	河南师范大学	4	48	西华师范大学	4
9	东北师范大学	5	29	郑州大学	4	49	大连大学	4
10	首都体育学院	5	30	河北师范大学	4	50	上海师范大学	4
11	福建师范大学	5	31	吉林大学	4	51	宁波大学	4
12	成都体育学院	5	32	扬州大学	4	52	杭州师范大学	4
13	吉林体育学院	5	33	山东大学	4	53	北华大学	4
14	南京体育学院	5	34	哈尔滨师范大学	4	54	鲁东大学	4
15	西安体育学院	5	35	湖南师范大学	4	55	浙江大学	4
16	河南大学	5	36	浙江师范大学	4	56	内蒙古师范大学	4
17	山西大学	5	37	山东师范大学	4	57	中央民族大学	4
18	山东体育学院	5	38	辽宁师范大学	4	58	内蒙古民族大学	4
19	陕西师范大学	5	39	沈阳师范大学	4	59	湖北大学	4
20	广州体育学院	4	40	安徽师范大学	4	60	江苏师范大学	4

中国语言文学类

一、学科概述

中国语言文学类专业包括：汉语言文学、汉语言、汉语国际教育、中国少数民族语言文学、古典文献学、应用语言学、秘书学。

中国语言文学类专业是研究中国语言的词语、句法，赏析古今的诗歌、散文、小说等众多的文学作品的专业。汉语言文学包含了语言和文学两个领域。从语言的角度看，包括了古代语言和现代语言，比如古代汉语和现代汉语；从文学的角度看，可以按照中国和外国、古代和现代这些地域和时间范畴划分为中国古代文学、中国现代文学、外国文学等不同课程。通过对这门学科的学习，你将具备扎实的中国语言功底和较强的写作能力，你会知道如何写出好文章，如何去评判一个文学作品，如何进行编辑出版工作等。毕业后可以在新闻出版、文艺宣传、教学科研等文化研究单位，从事编辑、采写、文案等工作。

二、职业方向

【职业方向一】文秘、文员

对应专业：汉语言文学、汉语言、汉语国际教育、秘书学。

职业内涵：从事办公室程序性工作，协助领导处理政务及日常事务并为领导决策及其实施提供服务。

职业发展：近几年来，随着社会经济的发展，秘书工作广泛存在于政府机关、事业单位、社会团体、私营、合资企业。秘书工作日益普遍化和社会化，成为一种被广泛认可的社会职业类型，广泛分布于社会的各阶层，并且渗透到社会的各个角落。随着民企经济的发展，民企对文秘人员文化素养的要求越来越高。文秘人员不仅要以“文化”人员的身份参与，促进企业文化的发展，还要以对外使者的形象去展示企业文化的理念与内涵。公关、礼仪、交流、会议、文案等都是文秘工作的范畴。因此，文秘人才的前景十分看好。

【职业方向二】对外汉语教师

对应专业：汉语国际教育、应用语言学。

职业内涵：面向外籍人士教授汉语的教师。

职业发展：近年来，随着中国社会经济的发展及改革开放的深入，尤其是随着“一带一路”的建设，许多国家出现了学习汉语的热潮。目前，“学汉语，了解中国的语言和文化”已成为世界的潮流。随着“中国文化热”，国际汉语教师短缺现象日益明显，对对外汉语教师的需求会越来越大。因此从职业前景来看，它有着广阔的发展空间。当然它要求从业者具有深厚的中国文化底蕴和流畅的外语交流能力。

【职业方向三】文字记者、文字编辑

对应专业：汉语言文学、汉语言。

职业内涵：用真实、生动的文字将新闻展现在大众的眼前，使大众获得最有效的信息的工作。

职业发展：随着网络媒体的发展，此类岗位的需求量较大。主要有三个方向：业内发展成为职业编辑、网络编辑、高级编辑或者采访部门的负责人；如果具有敏锐的洞察力和较强的逻辑思维能力可以发展成为新闻评论员；可以转向市场类型的职位，发展成为媒介推广专员、公关专员、公关策划助理，随着能力的提升，可以晋升为媒介推广经理、公关经理、公关策划师等。可就职于企业的市场、公关等部门，也可就职于专业的公关公司。

【其他职业方向】中小学教师、行政秘书和行政助理、文职人员、出版印刷业人员等

三、专业体验

西南大学中文系毕业生赵某：

首先还是把专业课学好，这是基础，因为汉语言文学不像一些理工科课程那样需要做很多题，所以自己很容易就放松。

除了学好专业课，还要多看书。看书倒是没有太多限制，凭个人兴趣，最好多看名著。其他的就是可以自己练练笔，坚持写日记是个不错的方式。学中文的很多，真正能写出好文章的人还是少数，打好基础以后需要写文章就不会觉得头疼了。

以前觉得这专业很没前途，但是经历了找工作后，又看看我身边很多学其他专业的同学，我倒是很窃喜这个专业没有选错。因为任何一个单位都不能缺少文职人员。所以，学中文有人会说哪里都可以不要你，因为你会的人家也会，但是反过来说，学中文的也就什么单位都能进，不过把握机会就相当重要了，只要进去了，发展的空间就很大……我现在签的工作就还不错！

四、专家提示

此类专业可称之为万金油类专业，技术性不强，一定要注重自己的积累。目前来说，需求量较大，但总体供大于求。如果你具有一定的写作能力，较强的分析、研究能力，

对文学及写作感兴趣，可以选择报考本类专业。近年来，此类专业的学生就业形势一直比较平稳。此类专业招生院校多，要看清培养特点，如首都师范大学汉语言文学专业有三个专业方向，分别为师范类方向、非师范类方向及高级涉外文秘方向。

五、院校推荐

排名	学校名称	等级	排名	学校名称	等级	排名	学校名称	等级
1	北京大学	5	21	山东师范大学	5	41	黑龙江大学	4
2	北京师范大学	5	22	中央民族大学	5	42	河南大学	4
3	南京大学	5	23	安徽大学	5	43	四川师范大学	4
4	北京语言大学	5	24	西北师范大学	5	44	河北大学	4
5	复旦大学	5	25	新疆大学	5	45	辽宁大学	4
6	四川大学	5	26	湖南师范大学	5	46	上海大学	4
7	华中师范大学	5	27	吉林大学	5	47	西南交通大学	4
8	武汉大学	5	28	华南师范大学	5	48	延边大学	4
9	华东师范大学	5	29	苏州大学	5	49	华中科技大学	4
10	南开大学	5	30	西北大学	4	50	河北师范大学	4
11	浙江大学	5	31	东北师范大学	4	51	天津师范大学	4
12	山东大学	5	32	厦门大学	4	52	哈尔滨师范大学	4
13	陕西师范大学	5	33	西南大学	4	53	内蒙古大学	4
14	南京师范大学	5	34	清华大学	4	54	山西大学	4
15	中国人民大学	5	35	兰州大学	4	55	宁夏大学	4
16	暨南大学	5	36	安徽师范大学	4	56	江西师范大学	4
17	福建师范大学	5	37	中国传媒大学	4	57	西北民族大学	4
18	首都师范大学	5	38	扬州大学	4	58	新疆师范大学	4
19	上海师范大学	5	39	广西师范大学	4	59	郑州大学	4
20	中山大学	5	40	浙江师范大学	4	60	内蒙古师范大学	4

外国语言文学类

一、学科概述

外国语言文学类专业包括：英语、俄语、德语、法语、西班牙语、阿拉伯语、日语、波斯语、朝鲜语、菲律宾语、梵语巴利语、印度尼西亚语、印地语、柬埔寨语、老挝语、缅甸语、马来语、蒙古语、僧伽罗语、泰语、乌尔都语、希伯来语、越南语、豪萨语、斯瓦希里语、阿尔巴尼亚语、保加利亚语、波兰语、捷克语、斯洛伐克语、罗马尼亚语、葡萄牙语、瑞典语、塞尔维亚语、土耳其语、希腊语、匈牙利语、意大利语、泰米尔语、普什图语、世界语、孟加拉语、尼泊尔语、克罗地亚语、荷兰语、芬兰语、乌克兰语、挪威语、丹麦语、冰岛语、爱尔兰语、拉脱维亚语、立陶宛语、斯洛文尼亚语、爱沙尼亚语、马耳他语、哈萨克语、乌兹别克语、祖鲁语、拉丁语、翻译、商务英语。

本学科是要在学习外国语言的同时，研究世界各国的文学、历史、政治、经济、文化，以促进用这种语言进行国际文化、技术、经济等方面的交流。语言是文化的载体，通过学习外语，不仅可以掌握一个应用广泛的交流工具，还可以了解异国的文化与社会，开阔眼界。该类专业主要涉及两大语系：一类是欧洲语系，主要包括俄语、德语、法语、西班牙语、葡萄牙语等；另一类是亚非语系，主要包括日语、朝鲜语、蒙古语、阿拉伯语、印度尼西亚语等。主要到外事、经贸、文化、新闻出版、教育、科研、旅游、企事业单位等相关部门从事翻译、研究、教学、管理等工作。

二、职业方向

【职业方向一】专业翻译（包括同声传译、口译、笔译）

对应专业：本学科所有专业。

职业内涵：在各种翻译机构或企业专门从事翻译工作。

职业发展：随着世界经济的全球化和我国对外开放程度的扩大，我国与外国机构及人员交流的机会越来越频繁，对外语类人才的需求也越来越多。虽然各高校都积极培养各种外语类人才，但是其数量还是相对较少。随着“一带一路”的开展，我国经济将会和世界大市场全面融合，我国和世界各国的贸易也将会越来越频繁。因此，对英语能力较强和精通一门小语种的商务人才的需求会愈来愈急迫。根据市场预测，未来十年内外国语言文学学科门类将成为热门。

【职业方向二】外贸业务人员

对应专业：本学科所有专业。

职业内涵：具体与外商直接洽谈业务的工作。

职业发展：随着改革开放的不断深化，特别是近年来“一带一路”“电子商务”“跨境电商”的发展，企业的对外贸易及交流活动会越来越多，因此对精通外语的外贸业务人员的需求量非常大。同时企业对人员的要求也非常高——他们应该是典型的复合型人才，懂外语，会经营管理，有独当一面的能力。

【职业方向三】涉外导游

对应专业：本学科所有专业。

职业内涵：向外籍人士提供导游服务工作。

职业发展：随着“一带一路”的发展和中国对旅游的开发、环境的治理，据权威机构披露，中国在未来几十年内都将是全球最富活力和高成长性的旅游目的地。随着入境游、出境游的不断增加，涉外导游人才更为紧缺。人才的短缺将成为制约我国旅游业发展的关键问题。培养适应社会经济发展需要的，服务于现代化涉外旅游第一线的涉外导游人才，将填补旅游市场需求空缺。

【其他职业方向】中小学教师、出版社编辑、行政秘书和行政助理等

三、专业体验

北京外国语大学西班牙语专业牛某：

小语种的学名应该叫作“非通用语种”。目前，有 6 种语言是联合国通用工作语，即英语、汉语、法语、俄语、西班牙语、阿拉伯语。联合国的所有会议都有这些语言的口译，所有的官方文件都打印或在网上出版这些语言的翻译版本。

我学的是西班牙语。西班牙语是非盟、欧盟和联合国的官方语言。使用西班牙语作为官方语言的国家有：比利时、玻利维亚、智利、哥伦比亚、哥斯达黎加、古巴、多米尼加共和国、厄瓜多尔、萨尔瓦多、赤道几内亚、危地马拉、洪都拉斯、墨西哥、尼加拉瓜、巴拿马、巴拉圭、秘鲁、西班牙、阿根廷、乌拉圭和委内瑞拉。西班牙北部的卡斯蒂利亚方言发音通常被认为是西班牙语的标准发音。西班牙语也在安道尔共和国、伯利兹、加拿大、直布罗陀、以色列、摩洛哥、荷兰、菲律宾、波多黎各、美国、特立尼达和多巴哥以及西撒哈拉被使用。今天，你仍然可以发现在美洲的不同地方存在着明显不同的方言口音。

在小语种中，韩语专业的含金量偏低，是最不注重学历而看重实际韩语水平的一个专业。这是因为一来韩语相对容易掌握，二来本身中国很多朝鲜族天生就是中韩双

语人才，三来在华的韩国留学生和职员众多，对韩语翻译的依赖性很小。

在学习小语种的大学生中流传着这样一句话："三分钟韩语，三小时英语，三天法语，三个月日语，三年德语，三百年阿拉伯语。"此话未必科学，却在一定程度上反映了学习小语种的难易程度。

四、专家提示

虽然小语种专业几乎在每个批次都有招生，但很多高校的小语种专业的录取分数相对较高。从小语种专业来看，俄语、德语、法语、西班牙语、阿拉伯语在国际上影响较大，毕业学生一般都有非常良好的就业前景。如果同学们在读研时精益求精，考个中高级的翻译证，锻炼出同声翻译的技能，那将来更是前途无量！

五、院校推荐

排名	学校名称	等级	排名	学校名称	等级	排名	学校名称	等级
1	北京外国语大学	5	21	四川大学	5	41	重庆大学	4
2	上海外国语大学	5	22	延边大学	5	42	北京科技大学	4
3	北京大学	5	23	中国人民大学	5	43	陕西师范大学	4
4	广东外语外贸大学	5	24	南开大学	5	44	华南师范大学	4
5	南京大学	5	25	上海交通大学	5	45	广西大学	4
6	黑龙江大学	5	26	苏州大学	5	46	华中科技大学	4
7	华东师范大学	5	27	厦门大学	5	47	西北工业大学	4
8	武汉大学	5	28	清华大学	5	48	北京理工大学	4
9	山东大学	5	29	西安外国语大学	5	49	辽宁大学	4
10	对外经济贸易大学	5	30	吉林大学	5	50	福建师范大学	4
11	南京师范大学	5	31	北京航空航天大学	5	51	西南交通大学	4
12	湖南师范大学	5	32	西南大学	5	52	广西民族大学	5
13	中山大学	5	33	中南大学	5	53	河南大学	4
14	浙江大学	5	34	暨南大学	5	54	中南财经政法大学	4
15	复旦大学	5	35	天津外国语大学	5	55	哈尔滨师范大学	4
16	华中师范大学	5	36	湖南大学	5	56	同济大学	4
17	北京师范大学	5	37	首都师范大学	5	57	贵州大学	4
18	东北师范大学	5	38	四川外国语大学	5	58	江西师范大学	4

续表

排名	学校名称	等级	排名	学校名称	等级	排名	学校名称	等级
19	大连外国语大学	5	39	北京第二外国语学院	5	59	河北师范大学	4
20	北京语言大学	5	40	中国海洋大学	5	60	云南大学	4

新闻传播学类

一、学科概述

新闻传播学类包括：新闻学、广播电视学、广告学、传播学、编辑出版学、网络与新媒体、数字出版。

本学科是研究新闻活动、传播活动及其他人类传播现象的学科。它以社会新闻与信息传播活动为对象，从不同维度研究不同形态和类型的新闻与信息传播活动与人类社会的关系。在近些年，其研究视野和范围大大扩展，网络传播、媒介文化、数字传播、信息和文化产业等已成为本学科研究的重要内容。毕业生可在各类报刊、通讯社、广播电台、电视台、网站、图片社以及广告、公关、出版发行等部门从事新闻文字、声像、图片的采写、编辑工作和经营管理工作，也可在国家机关、文化团体、企事业单位和教育科研等部门从事文化传播、管理和教学科研等工作。

二、职业方向

【职业方向一】记者

对应专业：新闻学、广播电视学。

职业内涵：在各类媒体（报社、通讯社、期刊社、广播电台或电视台等）从事采访活动的工作。

职业发展：现代社会是资讯发达的时代，社会经济对新闻、信息的需求十分强烈，因此对专业记者的需求也将稳定增长。但近年来，全国许多高校都开设了新闻专业，致使新闻专业的毕业生大量增加，从近期的人才市场看，新闻专业的人才还处于供过于求的态势。由于新闻专业化发展趋势越来越明朗，各媒体根据媒体性质和新闻侧重点的不同，也对记者提出了相应的专业要求，如财经报道就要求记者有财经专业知识背景等。因此建议新闻专业的大学生同时辅修其他课程，如法律、财经、社会学等。

【职业方向二】编辑或策划

对应专业：新闻学、编辑出版学、传播学、网络与新媒体、数字出版。

职业内涵：在各类媒体从事文字或美术、网络等编辑工作。

职业发展：各类文化产业的蓬勃发展，特别是数字媒体的发展，让互联网和移动互联网这两类新媒体具备了非常大的发展空间。市场对编辑人才的需求日益增大，但综合类文字编辑没有过多的知识、技术门槛，市场供应量也很大，这就对个人提出了较高的要求。为了在激烈的竞争中脱颖而出，求学者必须具备扎实的知识及素质功底，要严谨、细致，有相当强的政治和社会责任感。只有不断寻求“人无我有，人有我新，人新我佳”的创新之路，才是出版社的生存之道，也是策划编辑的发展之路。

【职业方向三】广告文案策划、广告业务人员

对应专业：广告学、传播学、新闻学。

职业内涵：在广告公司、媒体等单位从事广告策划和向客户推广广告产品的工作。

职业发展：在产品同质化的时代，品牌竞争理念为人熟知。为了能在竞争中占据主导地位，商家对广告的投入从不吝啬。广告业因此被称为21世纪最具“钱”景的行业之一。目前这个行业需要的是具备现代艺术、广告学、新闻学、传播学素质并在这些专业领域拥有丰富经验和一技之长的人才，以及在电视、广播、报纸等方面拥有一定经验和人脉的从业者。拥有较强的创意策划能力，能够很好领会客户要求，有团队精神，敬业奉献、思维敏捷的人员在该行业会很快脱颖而出。

【其他职业方向】行政秘书和行政助理、平面设计、公共广播系统播音人员、文职人员等

三、专业体验

西北大学新闻学专业赵某：

新闻学的课程主要包括新闻实务和新闻理论。新闻实务包括采访、写作、摄影、摄像、非线性编辑等。

实习非常重要。大一大二功课多，心理上也不够成熟，不是实习的最佳时期。大三暑假，如果决定不考研，就一定要开始在新闻媒体真刀真枪地实习。媒体选择也很重要，党报、大报中，实习生的采访机会相对要少些，建议选择都市报，亲自跑，亲自写，独立采访，尽量多发稿。实习期结束后，你会发现自己的不足，对未来的职业规划做到心中有数。实习期间的作品，要收集起来，将来找工作的时候，比苍白的简历要有说服力。

如果真想进媒体的话，最好具备一定的学科背景。因为现在大多数媒体都按版面或者部门招人，比如财经版块的就要经济学、金融学专业的。总之，新闻学是一门实践性很强的学科，你必须精通至少一门其他专业才能适应就业的高门槛。

四、专家提示

“十大热门行业排行榜”显示，媒体出版/文化传播行业已成为我国热门行业新秀，就业形势普遍看好。由于新闻专业化发展趋势越来越明朗，建议此类专业的大学生同

时辅修其他课程，如法律、财经、社会学等。同时由于此类专业专业性不是太强，竞争较激烈，不建议理工类考生填报。

五、院校推荐

排名	学校名称	等级	排名	学校名称	等级	排名	学校名称	等级
1	中国人民大学	5	21	华南师范大学	5	41	江西师范大学	4
2	中国传媒大学	5	22	吉林大学	5	42	河北经贸大学	4
3	复旦大学	5	23	华东师范大学	5	43	内蒙古大学	4
4	武汉大学	5	24	南昌大学	5	44	重庆工商大学	4
5	华中科技大学	5	25	华南理工大学	5	45	西南交通大学	4
6	浙江大学	5	26	黑龙江大学	4	46	北京印刷学院	4
7	暨南大学	5	27	西北大学	4	47	深圳大学	4
8	清华大学	5	28	湘潭大学	4	48	上海财经大学	4
9	厦门大学	5	29	河南大学	4	49	天津师范大学	4
10	北京大学	5	30	华中师范大学	4	50	东北师范大学	4
11	四川大学	5	31	陕西师范大学	4	51	南开大学	4
12	山东大学	5	32	苏州大学	4	52	湖北大学	4
13	南京大学	5	33	辽宁大学	4	53	上海理工大学	4
14	安徽大学	5	34	郑州大学	4	54	重庆大学	4
15	南京师范大学	5	35	云南大学	4	55	福建师范大学	4
16	湖南大学	5	36	湖南师范大学	4	56	浙江工业大学	4
17	中山大学	5	37	兰州大学	4	57	北京师范大学	4
18	上海大学	5	38	上海外国语大学	4	58	中南财经政法大学	4
19	西南政法大学	5	39	中央民族大学	4	59	西南大学	4
20	河北大学	5	40	广西大学	4	60	中南民族大学	4

历史学类

一、学科概述

历史学类专业包括：历史学、世界史、考古学、文物与博物馆学、文物保护技术、外国语言与外国历史。

历史学是系统地叙述和研究人类以往的各种活动和人类社会发展历程的学科。历史学是人类文明的自我反思，人类由此为自身的处境找到历史根源，并因而形成文化传统，迎接未来的挑战。它包括历史史料的收集、考证、整理保存，也包括对人类文化遗存的评价、分析、鉴赏，还包括在史实基础上研究并总结出的历史发展深层脉络、史观，以及研究历史的理论与方法。毕业生主要就业方向：在科研机构、大中专院校、博物馆、档案馆从事研究工作；在高校、中小学从事教育工作；在出版社、杂志社、网站等媒体从事编辑、记者等工作；报考政府部门公务员；报考研究生，继续深造。

二、职业方向

【职业方向一】编辑、文案、作家

对应专业：历史学、世界历史、外国语言与外国历史。

职业内涵：在各类媒体从事文字或美术、网络等编辑工作。

职业发展：2014 年，《文化部关于贯彻落实〈国务院关于推进文化创意和设计服务与相关产业融合发展的若干意见〉的实施意见》中指出，要提升文化产业的创意水平和整体实力。这对于历史专业学生来说是一个有利的消息。如影视、动漫、游戏业，需要内容健康向上、富有创意的优秀原创影视、动漫产品的创作、生产、传播和消费，与之匹配的策划、编剧类职位是历史学专业毕业生可以尝试的选择；在当前“互联网+”的环境下，在精通本专业的基础上再学习一些计算机方面的知识，会进一步拓宽自己的就业渠道。

【职业方向二】中小学历史教师

对应专业：历史学、世界历史。

职业内涵：在中小学从事历史课教学的工作。

职业发展：国家对基础教育类人才有着长期而稳定的需求，因此有志于从事历史教学的学生可以大胆选择此类专业。百年大计，教育为本；教育大计，教师为本。如果说教育是国家发展的基石，教师就是基石的奠基者。国家的兴衰和发展系于教育。只有一流的教育才会有一流的人才，才能建设一流的国家。国家富强离不开教师，所以教师在社会所有职业中有着理想的排名和较高的认可度。

【职业方向三】博物馆或名胜古迹工作人员

对应专业：历史学、世界史、考古学、文物与博物馆学、文物保护技术。

职业内涵：在各类博物院、馆或名胜古迹等单位从事讲解、管理、开发及研究工作。

职业发展：随着“一带一路”的逐渐升温，在内需启动、消费升级以及国民收入不断提高的背景下，中国旅游业正步入黄金发展期。根据规划，“十二五”时期，中国政府将多策并举，把旅游业培育成国民经济的战略性支柱产业。随着我国经济社会的快速发展，广大居民的消费倾向已经从关注生存问题向追求更高生活品质的阶段转变。同这种转变相适应，旅游对于很多人来讲，已经是另一种形式必需品了。随着国内旅游行业政策环境的持续改善，旅游行业也将迎来一个崭新的发展阶段。此类事业必将有非常好的发展前景。

【其他职业方向】行政秘书和行政助理，导游，旅游开发公司公关人员、文职人员等

三、专业体验

兰州大学历史学专业文某：

历史学作为文史类基础学科专业，大致分为三类：历史学、考古学和世界历史。历史学的就业前景主要为：到国家机关、文教事业、新闻出版、文博档案及各类企事业单位从事实际工作。考古学的就业前景主要为：到考古、文物、博物馆等事业单位及国家机关从事研究、教学、管理等实际工作。世界历史的就业前景主要为：到学术研究、文化教育、外交外贸、国际文化交流和新闻出版部门及各类企事业单位从事教学、科研工作。

学历史必须要有耐性，要能坐得住板凳，最重要的是要有兴趣！不要以为学历史只要背诵就可以，只会背诵的人学不了历史，研究历史要有比较强的分析能力，要善于在陈旧中找出新颖。而且说实话，学历史赚不了大钱，一个研究历史的人要成名，没有十几年认真踏实的钻研和积累是不行的。

四、专家提示

历史学是立身的学问，但不是谋生的技能。选择历史学类专业必须要有浓厚的兴趣，学校层次一定要高，一定要深造。要选择综合性、有历史根底和人文氛围的大学。

本科毕业的学生就业可变通性较强，不必受到专业的限制。

除学好本专业外，还需多积累政治、经济、历史、地理、天文、哲学等与人们的日常生活紧密相关的一些知识，多关注一些门户网站的人文历史板块。

五、院校推荐

排名	学校名称	等级	排名	学校名称	等级	排名	学校名称	等级
1	北京大学	5	17	陕西师范大学	4	33	湖南大学	4
2	南开大学	5	18	湖南师范大学	4	34	浙江大学	4
3	武汉大学	5	19	清华大学	4	35	四川师范大学	4
4	复旦大学	5	20	云南大学	4	36	苏州大学	4
5	中山大学	5	21	郑州大学	4	37	兰州大学	4
6	西北大学	5	22	华东师范大学	4	38	上海师范大学	4
7	中国人民大学	5	23	安徽大学	4	39	河北师范大学	4
8	华中师范大学	5	24	西南大学	4	40	中央民族大学	4
9	南京大学	5	25	河南大学	4	41	天津师范大学	4
10	四川大学	5	26	暨南大学	4	42	宁夏大学	4
11	首都师范大学	5	27	南京师范大学	4	43	福建师范大学	4
12	吉林大学	5	28	山西大学	4	44	河北大学	4
13	山东大学	4	29	山东师范大学	4	45	曲阜师范大学	4
14	北京师范大学	4	30	华南师范大学	4	46	西北师范大学	4
15	厦门大学	4	31	上海大学	4			
16	东北师范大学	4	32	内蒙古大学	4			

数 学 类

一、学科概述

数学类专业包括：数学与应用数学、信息与计算科学、数理基础科学。

数学类专业是研究数量、结构、变化以及空间模型等概念的一门科学，是其他相关专业的母专业。数学可分为基础数学与应用数学。无论是进行科研数据分析、软件开发、三维动画制作，还是从事金融保险、国际经济与贸易、工商管理、化工制药、通信工程、建筑设计等工作，都离不开相关的数学知识。毕业生不仅可以在教育机构从事教学和研究工作，也能在企事业单位和经济、管理部门从事统计调查、统计信息管理、数量分析等开发、应用和管理工作。

二、职业方向

【职业方向一】经济金融领域专业人员

对应专业：数学与应用数学、信息与计算科学。

职业内涵：在保险、银行、证券、企业从事调研、设计开发、测试应用等工作。

职业发展：美国花旗银行副主席保尔·柯斯林也曾说过，“一个从事银行业务而不懂数学的人，无非只能做些无关紧要的小事。”除了保险精算师以外，由于经济学也引入了数学建模，因此懂经济原理的数学人才也被用人单位广泛接纳。进入大数据时代后，无论是经济信息的收集、检索，还是经济数据的建模运算、经济决策，都离不开数学工具。该类专业有着广泛的就业前景。

【职业方向二】IT 行业研究人员

对应专业：信息与计算科学、数学与应用数学。

职业内涵：从事计算机硬、软件的研究开发工作。

职业发展：数学是 IT 业向高端发展的基础，云计算、物联网的发展也是以数学为基础的。随着现代经济和科技的发展，中国 IT 行业已经步入了一个高速发展的时代，每年的 IT 人才缺口人数都高达百万以上。在我们的工作、学习和生活中无不存在和使用着互联网信息技术。事实说明，互联网已经越来越广泛地深入到人们生活的方方面面，IT 技术服务市场需求空缺会越来越大。因此随着科学技术的发展，该类专业有着广阔的就业前景。

【职业方向三】工程数学研究与应用人员

对应专业：数学与应用数学。

职业内涵：在社会经济诸多领域从事与数学相关的研究和应用工作。

职业发展：这类职业一般都与国家的重大工程建设联系在一起，因此其需求量比较稳定，但对工程数学人员的素质要求比较高，一般需要研究生或博士生。相对于数学学科其他几个专业来说，数学与应用数学的就业面相对狭窄，但是这几年这方面所需要的研究和教学人才的数量也大大增加。

【其他职业方向】计算机软件工程师、互联网开发工程师、计算机程序员、中小学教师等

三、专业体验

苏州大学数学与应用数学专业冯某：

数学是所有学科的根本，是一门让你受益终身的学科。我现在在搞软件开发，直到现在我才真正意识到数学在其中的作用。难怪都说学数学的人搞开发会比纯粹计算机专业的人厉害。我不厉害，因为我大学没有努力学数学，但是我体会到了数学的作用。

数学是通用的专业，没有针对性，所以需要自己广泛地涉猎一些其他的知识，如多懂点计算机方面的知识。数学系的毕业生有很大的潜力，也很容易向其他方面转化。

四、专家提示

数学因就业前景好且考研有优势，成为学生报考的热门。但数学专业的课业压力并不轻松，甚至可以说是所有专业中难度大、要求高的专业之一。考生选报专业时也一定要考虑这方面的因素，根据自己的承压能力做出综合决定。学好数学，兴趣很关键。考生在报考数学专业时，最好要了解自己的专长和兴趣，例如是否擅长逻辑思维，是否有较好的图形、图像想象力及代数运算能力，是否喜欢用数学概念来了解和解释世界。

五、院校推荐

排名	学校名称	等级	排名	学校名称	等级	排名	学校名称	等级
1	复旦大学	5	21	首都师范大学	5	41	天津大学	4
2	北京大学	5	22	中南大学	5	42	广州大学	4
3	南开大学	5	23	同济大学	5	43	北京理工大学	4

续表

排名	学校名称	等级	排名	学校名称	等级	排名	学校名称	等级
4	清华大学	5	24	湖南师范大学	5	44	郑州大学	4
5	吉林大学	5	25	东南大学	5	45	云南大学	4
6	浙江大学	5	26	电子科技大学	5	46	重庆大学	4
7	四川大学	5	27	北京航空航天大学	5	47	东北师范大学	4
8	西安交通大学	5	28	哈尔滨工业大学	5	48	华南理工大学	4
9	北京师范大学	5	29	苏州大学	5	49	曲阜师范大学	4
10	中国科学技术大学	5	30	华中科技大学	5	50	安徽大学	4
11	山东大学	5	31	南京师范大学	4	51	华东理工大学	4
12	南京大学	5	32	兰州大学	4	52	西南大学	4
13	大连理工大学	5	33	西北工业大学	4	53	西北大学	4
14	厦门大学	5	34	华中师范大学	4	54	东北大学	4
15	上海交通大学	5	35	湖南大学	4	55	福州大学	4
16	华东师范大学	5	36	上海大学	4	56	北京交通大学	4
17	武汉大学	5	37	陕西师范大学	4	57	西北师范大学	4
18	中山大学	5	38	扬州大学	4	58	贵州大学	4
19	新疆大学	5	39	南京理工大学	4	59	上海师范大学	4
20	湘潭大学	5	40	西安电子科技大学	4	60	北京科技大学	4

物理学类

一、学科概述

物理学类专业包括：物理学、应用物理学、核物理、声学。

物理学是研究物质运动一般规律和物质基本结构的学科。作为自然科学的带头学科，物理学研究大至宇宙，小至基本粒子等一切物质最基本的运动形式和规律，因此成为其他各自然科学学科的研究基础。它的理论结构充分地把数学作为自己的工作语言，将实验作为检验理论正确性的唯一标准。它是当今最精密的一门自然科学学科。很少有哪个学科的研究领域，在时间和空间的尺度上像物理学科这样宽广，小到原子、夸克、中微子，大到星系和宇宙，短至阿秒，长至百万亿年。毕业生可在物理学或相关的科学技术领域中从事科研、教学、技术和相关的管理工作。

二、职业方向

【职业方向一】工程物理领域专业人员

对应专业：应用物理学、声学。

职业内涵：在重大工程领域从事技术开发与研究，比如航空航天、军事、水利水电等。

职业发展：随着国力的增强，国家重大工程会不断出现，所以对应用物理学方面的人才需求将会长期保持一个增长的态势。近年来我国在物理学研究领域内取得了很大的发展，物理学也对其他学科的发展起到了很好的促进作用。单晶硅技术的研究，为我国硬件产业的赶超提供了很好的支持。物理学研究材料的手段，如材料的电磁性能、光性能等，成为材料研究的基础。这些使得应用物理专业的人才在从事具体的科研工作时得心应手。

【职业方向二】科研人员

对应专业：物理学、应用物理学、核物理、声学。

职业内涵：在研究所从事理论研究、实验研究和技术开发与应用工作，或在企业中从事材料科学与工程、电子信息技术等领域的技术开发及应用研究工作。

职业发展：随着科学发展速度的增快，物理行业研究出的很多前沿技术很快便得到了应用。随着学科交叉与学科细分现象的日益明显，知识的更新速度越来越快。像物理学这样基础性专业方面的人才，由于其可塑性强、基础知识扎实，反而越来越能得到各个行业的重视。

【职业方向三】物理教师

对应专业：本学科所有专业。

职业内涵：在大学、中学从事物理研究及教学的工作。

职业发展：目前，大部分应用物理专业的人才主要集中于高新技术开发部门，而物理的基础教育领域，则少有人问津。实际上，我国急需一批应用物理专业的人才来从事我国基础物理教育事业。那些有抱负的应用物理专业学生，也应该敢于投身于基础教育领域，充分发挥自身的特长。随着二孩政策的放开，学生的数量会逐年增加，物理教育会渐渐迎来好形势。

【其他职业方向】电子工程师、互联网开发师、文职人员、其他工程师等

三、专业体验

南京师范大学物理专业田某：

考大学时，我自己选的物理专业，因为比较喜欢这门学科，所以学起来也得心应手。

很多同学抱怨我们专业就业前景太过窄小，只能从事科研或出国深造。当然，这些都是事实，但我并不后悔选择这一专业。我想，毕业后肯定要考研究生，当然能公费出国留学最好。

我们的物理学老师认为，本专业学生所特有的专业素养，使他们具有持久的专业发展后劲和较强的开拓能力，因而深受社会各界的欢迎，趋势看好。有报道显示，物理学专业对口就业率并不高，毕业生半年后的工作与专业相关度仅为37%。这恐怕和大多数基础学科的就业特点有关。因为并不是每个学物理的人都能成为物理学家或搞科研工作。虽然表面上看，直接与物理对口的行业很少，但是事实上物理学毕业生的就业范围很广。许多以物理为基础的学科领域都闪烁着该专业毕业生的身影，如信息、能源、航天、军工、材料、交通、经济、生命科学等。

四、专家提示

对理论物理特别感兴趣、数学基础很好的同学可报考物理学类专业。建议选择它作为专业学习的学生最好有深造计划。一般本科毕业后要读研，一直读到博，才可进入科研机构从事科学研究。也可报考师范学校的物理专业，本科毕业后可从事中学物理教育。物理学专业毕业生具有较扎实的理论基础，深造转专业有优势。

五、院校推荐

排名	学校名称	等级	排名	学校名称	等级	排名	学校名称	等级
1	北京大学	5	21	湖南师范大学	4	41	北京科技大学	4
2	中国科学技术大学	5	22	南开大学	4	42	东北师范大学	4
3	南京大学	5	23	东南大学	4	43	河北大学	4
4	复旦大学	5	24	华东师范大学	4	44	南昌大学	4
5	清华大学	5	25	西北大学	4	45	中国人民大学	4
6	吉林大学	5	26	同济大学	4	46	南京师范大学	4
7	浙江大学	5	27	山西大学	4	47	山东师范大学	4
8	华中科技大学	5	28	哈尔滨工业大学	4	48	福建师范大学	4
9	大连理工大学	5	29	华南师范大学	4	49	云南大学	4
10	山东大学	5	30	北京航空航天大学	4	50	西南大学	4
11	上海交通大学	5	31	陕西师范大学	4	51	云南师范大学	4
12	北京师范大学	5	32	电子科技大学	4	52	河北师范大学	4
13	武汉大学	5	33	重庆大学	4	53	燕山大学	4
14	兰州大学	5	34	中南大学	4	54	西北工业大学	4
15	四川大学	5	35	苏州大学	4	55	东华大学	4
16	华中师范大学	5	36	西北师范大学	4	56	吉林师范大学	4
17	郑州大学	5	37	上海大学	4	57	西安电子科技大学	4
18	厦门大学	5	38	北京理工大学	4	58	宁波大学	4
19	西安交通大学	5	39	河南师范大学	4	59	辽宁师范大学	4
20	中山大学	5	40	湘潭大学	4	60	东北大学	4

化　学　类

一、学科概述

化学类专业包括：化学、应用化学、化学生物学、分子科学与工程。

这是一门由不断的实验，得出相关的推测，指导进一步的实验，从而揭示物质的构成以及相关性质的科学。化学可以说是社会生活中应用面最广并且与我们的日常生活紧密相关的一门基础学科。传统的化学可以分为无机化学、有机化学、分析化学和物理化学四大部分。随着时间的推移，学科在不断发展，幅面也在扩大，而且各个学校都有自己的特色。毕业生可在科研部门、高新技术产业、大型工厂、环保、医药、商检等部门从事化学及相关领域的科研、研制开发以及管理工作。

二、职业方向

【职业方向一】化学研究人员

对应专业：本学科所有专业。

职业内涵：从事化学基础理论研究工作。

职业发展：化学是自然科学的重要方面，它的研究对于国民经济及社会的各个方面都有着非常重要的战略意义及基础性作用。化学向其他学科的渗透趋势在21世纪将会更加明显。更多的化学工作者会投身到生命研究、材料研究的工作中去，并在化学与生物学、化学与材料的交叉领域大有作为。化学必将为解决基因组工程、蛋白质组工程中的问题以及理解大脑的功能和记忆的本质等重大科学问题做出巨大贡献。因此国家对这一高层次人才的需求也是非常强烈的。但前提必须是在此领域有潜力、有兴趣、有志向的学生。

【职业方向二】工程技术人员

对应专业：本学科所有专业。

职业内涵：在各类企事业单位（比如石油化工、煤化工、制药、塑料制品企业等）从事化学工程技术开发及研究工作。

职业发展：现今的就业市场对化工类专业求才若渴。换句话说，化工人的辞典里没有“无业游民”这四个字！化工类专业就业前景广阔，可满足各大工业及企业的专业需求。私人企业对化工专业人员的渴望更是殷切。例如高科技业中的制程工程师须借重化工人的化工动力概念来调整制程参数（这是目前就业人数最多的领域）；在工厂里，反应器的设计与化学特性便是出自化工动力学的反应器设计；工厂的污水、毒气及废弃物的排放与处理便是环境工程中的基本学科。总括来说，化工类专业就业前景广阔。

【职业方向三】工程技术管理人员

对应专业：本学科所有专业。

职业内涵：在工程及化学相关领域从事技术管理的工作。

职业发展：一方面，现代社会的社会分工越来越明确，社会生产越来越精细，专业隔离越来越明显，隔行如隔山的情形越来越普遍；另一方面，现代社会生产越来越要求复合型的人才，即常说的 T 型人才，单纯的具有管理技能，或者是单纯的具有工程技术的人才，已经不能适应社会的发展。近年来，我国的化学工业取得了长足的进步，社会经济对化学方面的技术管理人才需求将会长期保持一个增长的态势。

【其他职业方向】化学工程师、化工厂系统操作员、中小学教师、文职人员等

三、专业体验

黑龙江大学应用化学专业杨某：

我感觉读化学专业还是很有前途的。首先，尽管化学通常不被人看作热门专业，但化学涉及的面较广，在日常生活和工农业生产中的应用极其广泛，所以至少将来不至于失业；其次，化学专业学生相对其他专业学生来说，更容易出国深造（特别是一些国内名校的学生）。目前，我国许多高校化学专业在大学本科教育中不分具体方向，到研究生阶段才分方向。我认为有机化学、高分子化学前景较好，当然主要看你个人的学术发展计划了，适合自己的才是最好的！

女孩子学化学找工作不容易，不过可以考分析化学类的公务员。男孩子学化学还是有前途的，如果学好的话，可以读到博士，当然有机会的话可以自己开公司。

四、专家提示

因为院校背景不同，所以开设此类专业的方向有差异，有的偏重日化用品，有的偏重工业化工，有的和食品药品打交道。目前此类专业就业较好，在理学类专业中排名靠前。

五、院校推荐

排名	学校名称	等级	排名	学校名称	等级	排名	学校名称	等级
1	南京大学	5	21	北京化工大学	5	41	华南理工大学	4
2	北京大学	5	22	大连理工大学	5	42	安徽大学	4
3	吉林大学	5	23	北京师范大学	5	43	南京工业大学	4
4	厦门大学	5	24	西北大学	5	44	青岛科技大学	4
5	南开大学	5	25	福州大学	5	45	扬州大学	4
6	复旦大学	5	26	中南大学	4	46	华南师范大学	4
7	中国科学技术大学	5	27	华东师范大学	4	47	云南大学	4
8	浙江大学	5	28	陕西师范大学	4	48	河南师范大学	4
9	四川大学	5	29	苏州大学	4	49	湘潭大学	4
10	清华大学	5	30	南昌大学	4	50	重庆大学	4
11	武汉大学	5	31	上海交通大学	4	51	新疆大学	4
12	湖南大学	5	32	东北师范大学	4	52	安徽师范大学	4
13	山东大学	5	33	西南大学	4	53	广西师范大学	4
14	中山大学	5	34	湖南师范大学	4	54	浙江工业大学	4
15	华东理工大学	5	35	华中科技大学	4	55	同济大学	4
16	兰州大学	5	36	西北师范大学	4	56	燕山大学	4
17	北京理工大学	5	37	山西大学	4	57	东南大学	4
18	南京理工大学	5	38	南京师范大学	4	58	山东师范大学	4
19	郑州大学	5	39	江西师范大学	4	59	北京科技大学	4
20	天津大学	5	40	辽宁大学	4	60	哈尔滨工业大学	4

天 文 学 类

一、学科概述

天文学类专业包括：天文学。

天文学是研究宇宙空间天体、宇宙的结构和发展的学科。内容包括天体的构造、性质和运行规律等。主要通过观测天体发射到地球的辐射，发现并测量它们的位置，探索它们的运动规律，研究它们的物理性质、化学组成、内部结构、能量来源及其演化规律。天文学大致可分为天体测量学、天体动力学、天体物理学三大研究领域。毕业生主要到天文学及相关学科从事科研、教学和技术工作，也可以选择去航天、测地、国防等部门，还可以到天文馆和学校从事天文普及教育工作。

二、职业方向

【职业方向一】科研人员

对应专业：天文学。

职业内涵：在航空航天、天文馆从事科学研究工作。

职业发展：当前，对高能天体物理、致密星和宇宙演化的研究，能极大地推动现代科学的发展。对太阳和太阳系天体包括地球和人造卫星的研究，在航天、测地、通信导航等部门中都有许多应用。外层空间是世界大国在未来的争夺重点，我国在近期也加大了对太空研究的投入。现阶段我国在天文学研究方面与美、俄、欧盟还有一定的差距，急需这方面的人才。本专业需求量小，考生一定要认真思考，确定自己的兴趣与志向。选择继续深造是必要的。

【职业方向二】天文工程技术人员

对应专业：天文学。

职业内涵：在航天工程方面从事技术开发与研究工作。

职业发展：21 世纪，人类又迎来了一次深空探测的热潮：2007 年中国开始了探月的“嫦娥工程”，美国计划在 2018 年再次登陆月球，俄罗斯准备发射载人登月飞船，日本、印度等国都纷纷启动了他们的深空探测计划。由此可见，人类关于宇宙的探测及开发的竞争日趋激烈。因此，我国对天文学方面的专业人才的需求也将会有一个比较稳定的增长态势。在这个领域工作需要扎实的理科功底，所以尽量考研考博。

【职业方向三】编辑人员

对应专业：天文学。

职业内涵：在科技类杂志社、出版社、网站等从事编辑类工作。

职业发展：天文学专业在本科阶段非常注重培养学生的资料收集、海量数据处理以及过硬的计算机操作能力。而一些科技类的杂志社、出版社、网站（如中国科学技术大学出版社、上海世纪出版股份有限公司、科技教育出版社以及各大商业网站的科技频道）都对具备专业知识的人才有大量需求。所以，这也是天文学本科毕业生的一个就业方向。

【其他职业方向】气象台观测员、航天场站气象观测员、教师公务员、展览讲解员等

三、专业体验

北京师范大学天文学专业陶某：

天文学是一门古老而又充满活力的学科。从远古的时候，人们就因为“日食”和“月食”等现象，对天体产生了各种各样的猜测和无限遐想。而满天的星斗，更让无数人开始了对天体的探索。物理学和数学对天文学的影响非常大，它们是现代进行天文学研究不可或缺的理论辅助。学习天文学应该有一定的天文学基础，会认星图，会解一些天文学的基础题，知道天文学的常用术语，了解天文学的发展等。否则，学起来会很吃力！

天文学是一门以观测为基础的科学，一切理论都必须建立在观测事实的基础上。这就要求学生学习操作望远镜（那可都是几吨重的大家伙），学习探测和记录观测到的结果，学习用计算机辅助分析这些结果。这里面就涉及了天文学专业的相关知识。在这个过程中，你要跟口径几米甚至几十米的望远镜打交道，要住在山上追踪星星，要处理大数据。天文学专业是一个特别适合国际合作的事业。因为无论是对阿拉伯人来说，还是对日耳曼人来说，星空都是一样的。在宇宙面前，人与人之间的差别变得渺小了。要学习、传播，与世界上其他地方的学生、学者，分享天文的知识，就必须用统一的学术语言，即撰写英语论文。所以天文学专业还要求有较高的英语水平。

要做好继续深造的准备，当然本科毕业直接工作也是不错的选择。只要你的计算机、数学够好，找一份工作是不愁的。

四、专家提示

天文学是一门需要长期研究和具备扎实的理科功底的学科，选择继续深造是必要的，出国留学也是不错的选择。天文学是和航天、测地、国防等应用学科有交叉的学

科，学生毕业后也可在这些领域一展才华。色盲者不能报考。

五、院校推荐

排名	学校名称	等级	排名	学校名称	等级	排名	学校名称	等级
1	南京大学	5	2	北京大学	4	3	中国科学技术大学	3

地理科学类

一、学科概述

地理科学类专业包括：地理科学、自然地理与资源环境、人文地理与城乡规划、地理信息科学。

地理科学是从各种角度对地质、地表形态等地理特征进行深入研究，同时也研究地域与人们生活关联的一门学科。地理学科类大致分为两大领域：以地形、地质、气候、海洋等自然环境为对象的自然地理学和以人口、城市、交通、文化等为对象的人文地理学。除此之外，还要进行大量的地理应用方面的研究。毕业生可在科研机构、学校、企业从事科研、管理、规划与开发等工作。

二、职业方向

【职业方向一】地图出版社编辑

对应专业：地理科学、地理信息科学、自然地理与资源环境。

职业内涵：在地图专业出版社从事技术研究、开发及编辑工作。

职业发展：人们生活的方方面面都与地理学相关——世界上销量最大的印刷品就是地图。随着时代的发展，当今社会对地图出版的需求越来越多。现代的地图出版社有先进的制图手段、现代化的计算机制图设备，基本已建立计算机网络体系及相应基础数据库，进一步提高了地图生产力。地图出版社不仅有纸质地图，更有以 GIS、GPS 技术为依托的电子地图及车载导航等产品。随着这些产品的深入研发，地图出版社越来越渴求地理专业人才。

【职业方向二】农林、地矿、测绘、城乡规划、旅游等部门的工程技术人员

对应专业：本学科所有专业。

职业内涵：在各领域从事技术开发与管理的工作。

职业发展：地球是人类生存的家园，地理科学与人类的繁衍生存密切关联，所以地理科学类专业一直得到国家的大力支持。具体来说，中国西部大开发与国土整治、东北老工业基地改造与重建、南水北调工程、高速铁路建设等重大项目都需要地理科学参与指导。人口问题、新农村建设与城市化问题、资源与能源问题、环境问题、减灾与防灾问题、国民经济信息工程问题等方面也都需要大批懂得地理科学，掌握地理

科学信息技术，具有建设地理系统工程能力的人才。无论是从学科发展还是个人就业的角度看，其都有着广阔的发展空间。随着社会对资源、环境方面人才的需求，此类职业就业形势日渐明朗。

【职业方向三】导游

对应专业：地理科学、自然地理与资源环境、人文地理与城乡规划。

职业内涵：在各类旅行社从事为游客讲解及服务工作。

职业发展：随着“一带一路”的发展和中国对旅游的开发、环境的治理，据权威机构披露，中国在未来几十年内都将是全球最富活力和高成长性的旅游目的地。在目前的导游队伍中，除了部分经正规培训、注册的专职导游外，大部分是来自其他行业的在职人员和学生。有些兼职导游由于缺乏从业经验，服务质量不能保证。因此，每到旅游高峰季节导游就会大量短缺。境外游、国内游越来越热，而各类境外旅游线路的开发人才、国内旅游线路的精品线路开发人才非常稀少，具备与国际惯例接轨的人性化服务理念、国际旅游行业管理经验的经营管理人才更是凤毛麟角。所以，此类职业具有较好的发展前景。

【其他职业方向】中小学地理教师、文字编辑、三维工程师、公务员等

三、专业体验

武汉大学地理专业毕业生陈某：

由于对地理的爱好，大学的四年时光我过得很快乐。每年我们都有野外实习。到野外不仅可以开阔视野而且还可以学到很多东西。现在我已经在中科院读研究生了，学的知识已经涉及学科的前沿了，这些都是高中、大学所学不到的，而且出野外的机会更多了。

大部分人认为学地理没有什么前途，只不过是出来当个老师罢了。这种理解是狭隘的。其实地理学研究的是地球表面这个同人类息息相关的地理环境，它涵盖的学科很广，包括气象、水文、土壤、生态、资源、规划、信息技术、空间技术等学科。所以除了当老师之外，还可以从事与气候变化、生态规划、资源环境和信息技术有关的工作。

地理信息科学这个专业在就业上跟其他地理科学的专业有很大区别，它增添了工科的特质。除了可以考公务员进入各个地方的国土局、地震局等政府部门，从事 GIS（勘测、绘制地图等）工作或者通过各地教育局的考试进入中学从事教育工作外，还可以到 GIS 公司从事技术支持、销售、软件开发、项目管理等工作。研发具有独立知识产权的针对企业自身特点的 GIS 软件、规划设计单位所需要的 GIS 数据的采集和生产、政府部门和规划设计部门利用 GIS 进行的信息查询和模型分析等，都需要有地理信息

科学背景的毕业生。

选择地理信息科学的学生，一定要注意在大学里提高自己的计算机编程能力。有条件的话，最好跟老师做一些项目，或者参加一些 GIS 的应用开发大赛，这对以后找工作是很有好处的。

四、专家提示

地理科学类专业主要开设于综合性院校和师范院校。综合性院校以培养科研人才为主，一般设立自然地理与资源环境、人文地理与城乡规划、地理信息科学等专业。师范院校以培养中等学校地理师资为主，一般不分专业。地理信息系统集地理学、计算机、遥感技术和地图学于一体，在此类专业中就业最好，建议对计算机有浓厚兴趣，对地理测量乐此不疲的同学选报此专业。作为基础学科，建议选择继续深造。色盲者限报此类专业。

五、院校推荐

排名	学校名称	等级	排名	学校名称	等级	排名	学校名称	等级
1	北京师范大学	5	21	湖南师范大学	4	41	中国农业大学	4
2	北京大学	5	22	西北大学	4	42	内蒙古师范大学	4
3	兰州大学	5	23	河北师范大学	4	43	四川师范大学	4
4	武汉大学	5	24	哈尔滨师范大学	4	44	青海师范大学	4
5	南京师范大学	5	25	辽宁师范大学	4	45	山西大学	4
6	华东师范大学	5	26	山东师范大学	4	46	湖北大学	4
7	南京大学	5	27	云南师范大学	4	47	昆明理工大学	4
8	中山大学	5	28	广州大学	4	48	中国地质大学(武汉)	4
9	东北师范大学	5	29	贵州师范大学	4	49	聊城大学	4
10	西南大学	5	30	吉林大学	4	50	中南大学	4
11	新疆大学	5	31	安徽师范大学	4	51	浙江师范大学	4
12	华中师范大学	5	32	长安大学	4	52	西北农林科技大学	4
13	浙江大学	5	33	天津师范大学	4	53	江苏师范大学	4
14	福建师范大学	5	34	北京林业大学	4			
15	陕西师范大学	4	35	广西师范学院	4			
16	西北师范大学	4	36	江西师范大学	4			

续表

排名	学校名称	等级	排名	学校名称	等级	排名	学校名称	等级
17	华南师范大学	4	37	上海师范大学	4			
18	首都师范大学	4	38	新疆师范大学	4			
19	云南大学	4	39	山西师范大学	4			
20	河南大学	4	40	河海大学	4			

大气科学类

一、学科概述

大气科学类专业包括：大气科学、应用气象学。

本学科研究大气与地球生物圈之间的相互作用，建立大气组成与地球生态的探测性的全球或局域的观测网。大气科学是地球科学的一个组成部分。其研究对象主要是覆盖地球的大气圈，以及太阳系其他行星的大气。大气科学的分支学科主要有大气探测、气候学、天气学、动力气象学、大气物理学、大气化学、人工影响天气、应用气象学等。具体来说就是研究雨、雪是怎样形成的，如何控制沙尘暴的发生，等等。学生毕业后可到气象、环保、民航、核电、三防、海洋、资源开发利用、国防军事、高等院校、科研院所以及政府机构等部门从事相关的科研、教学及业务工作。

二、职业方向

【职业方向一】研究所、高校科研人员

对应专业：本学科所有专业。

职业内涵：在各类科研院所、高等院校从事大气科学、应用气象学研究的工作。

职业发展：21 世纪的中国将进入一个现代化进程加速、综合国力不断增强的新时期，而这个新时期的到来需要以科技发展为基础。地球科学是基础科学之一，大气科学作为地球科学的重要组成部分，面临着一系列人类生存、发展的全球性、综合性重大问题。解决这些问题，要靠几代人艰苦努力，不断探索。它的研究对于国民经济及社会的各个方面都有着非常重要的战略意义及基础性作用。因此国家对这一高层次人才的需求也是非常强烈的。

【职业方向二】航天、农林、军事等工程技术人员

对应专业：本学科所有专业。

职业内涵：在航天、民航、农林、气象、军事、空管等部门从事技术开发与管理工作。

职业发展：随着社会经济的进步，气象科学将应用在更多的领域，因此本专业的人才需求将保持稳定的增长。未来 10 年，国家气象局系统和军队系统对本科毕业生的需求量将大于毕业生的供给量。所有院校的统计结果表明，大气科学本科毕业生就业

率接近100%，就业率在高校各专业中位居前列。在未来几年，预期这种需求大于供给的局面仍会继续下去。

【职业方向三】航天、民航、空管等方面的气象观测员

对应专业：本学科所有专业。

职业内涵：在航天、民航、气象、军事、空管等部门从事气象观测工作。

职业发展：随着我国航空运输业的飞速发展，飞机已成为人们出行的重要交通工具，航班的安全保障工作也逐渐成为人们日益关注的话题。在所有影响飞行安全的因素中，天气环境是一个重要因素，而航空气象服务是保障飞行安全的重要环节，其中气象观测工作又是航空气象服务工作的基础，在整个安全保障环节中发挥着不可替代的作用。虽然很多自动化设备使温度、湿度、风速、气压等都已实现自动监测，但云、能见度、天气现象还必须要人工监测。所以此专业社会需求很大。

【其他职业方向】气象局气象员、海洋救助人员、中小学地理教师等

三、专业体验

南京信息工程大学大气科学专业李某：

报考本专业最好是喜欢物理而且对计算机感兴趣的学生。简单来讲，我们学的就是对通过设备采集到的各地气象数据，比如风速、空气湿度、温度等数值，来进行信息整合、数据分析，从而得出气象预报的结论。其实，在大一、大二期间，我们所学的课程，几乎都是数学、物理等基础学科，直到大三之后，才真正开始步入专业学习的领域，而这些课程，基本构成了我们将来就业后，做气象预报员所需要的"看家本事"。

大气科学类专业就业不成问题，来校招聘大气科学的单位所提供的气象岗位就超过了毕业生的N倍。除此以外，部队、交通部东海救助队、中国辐射防护研究院、水利水电的勘察设计院、民航、机场、空管局等部门都会来校招聘。总的来说，气象系统、民航、部队是招聘的主力，就业选择面非常广，只是如今招聘气象本科生的单位多是县级单位，省市级气象部门多要硕士生。另外，此类专业的男女比例接近1∶1。大气科学是理学类专业，学好数学、物理以及大气科学的专业基础课是很重要的。

四、专家提示

虽然开设此类专业的院校较少，但大都是国家综合性重点院校。此类专业毕业生大多数会去气象局和机场，但东部省份的市局、省局几乎只要研究生，所以想留在大城市得做好考研的准备。由于工作需要，该专业不招收色盲同学。

五、院校推荐

排名	学校名称	等级	排名	学校名称	等级	排名	学校名称	等级
1	南京信息工程大学	5	2	南京大学	4			

海洋科学类

一、学科概述

海洋科学类专业包括：海洋科学、海洋技术、海洋资源与环境、军事海洋学。

在世界各国普遍重视开发利用海洋资源，不遗余力地加紧海洋科学的研究和应用的大气候之下，随着综合国力的逐渐增强，特别是经济实力的飞速提高，我国也迫切需要开发新兴资源，以便能在以后的国际竞争中立于不败之地。海洋科学是研究海洋的自然现象、变化规律，以及开发和利用海洋的知识体系。研究对象包括海洋中的水，海水中的物质、生物，岩石圈、海口、海岸带，海面上的大气层。毕业生可从事海洋科学研究、海洋资源调查与开发、海洋环境监测、海洋资源管理、海洋探测与监测仪器开发工作等。

二、职业方向

【职业方向一】科研人员

对应专业：本学科所有专业。

职业内涵：从事海洋科学研究的专业人员。

职业发展：近几年，我国在海洋科学上取得了巨大的成绩，尤其是在海洋资源利用、海底石油勘测、海产品生产等方面，已经达到了世界领先地位。目前该专业的毕业生就业状况较佳，特别是海洋资源开发、海水养殖、海洋生物医药、海上运输、海洋油气开发和食品工业等部门吸收人才最多。由于该专业工作环境的特殊性和国家的政策倾斜，从业人员的收入状况良好，且有持续增加的趋势，特别是该专业的高级人才供不应求。

【职业方向二】相关领域工程技术人员

对应专业：本学科所有专业。

职业内涵：在国家海事部门、科研机构、相关企业从事技术开发及管理的专业人员。

职业发展：国家目前正在倡导蓝色海洋经济。陆地资源渐渐枯竭，向海洋寻求发展，是未来的重要方向。目前中国海洋事业占比不大，但会很快上升。开发海洋资源造福人类是海洋科技的重要方向。因此本专业的人才需求将会保持稳定增长的态势。

【职业方向三】海洋产品企业销售、管理人员

对应专业：本学科所有专业。

职业内涵：在海洋养殖、生物医药、食品生产等企业从事生产、管理、销售等工作。

职业发展：海洋养殖、生物医药、食品生产等企业生产、管理、销售类职位的门槛不高，但需要从业人员具有较强的交际能力和良好的语言表达能力以及坚持下去的信念。与其他职业相比，生产、管理、销售岗位更能锻炼考验一个人。如果海洋科学类专业的本科生，进入海洋养殖、生物医药、海洋食品生产等企业做销售，并且坚持下来，那么他的待遇足以让很多人羡慕。

【其他职业方向】海产品养殖企业技术员、海洋食品及生物医药企业研发人员、海上石油企业生产技术员、海洋运输企业管理人员等

三、专业体验

青岛海洋大学海洋科学专业毕业生钟某：

总体来说，海洋科学是一个很有发展前途的专业。我们学校的海洋科学专业还是有自己的特色的，现在也是发展得越来越好。对于海洋科学的在校生来说，学好本专业的知识是非常必要的。大一、大二是基础课，高数、物理、英语要学好。大三、大四是专业课，在学好本专业课程的基础上，可以多接触点与海洋科学专业相关的书籍，提高自己对海洋科学的兴趣。无论做什么事情，兴趣是最重要的。

我们专业大部分人都会读到硕士，毕业后可以到海洋局、气象局、高校、国家海洋预报中心、国家海洋信息中心、国家海洋技术中心这些比较理想的单位工作。女生找工作要比男生难一些，不过只要足够优秀也没有问题。

四、专家提示

随着我国海洋经济的发展，此类专业正逐渐走俏，就业人员收入可观。报考此类专业要求学生具有扎实的数学、物理基础。最好读研读博，出国留学也是不错的选择。色盲者不能报考。若考生视力屈光不正，任何一眼矫正到 4.8，镜片度数大于 400 度者，则不宜报考海洋技术。

五、院校推荐

排名	学校名称	等级	排名	学校名称	等级	排名	学校名称	等级
1	中国海洋大学	5	3	中山大学	4	5	浙江大学	4
2	厦门大学	4	4	南京大学	4	6	浙江海洋大学	4

地球物理学类

一、学科概述

地球物理学类专业包括：地球物理学、空间科学与技术。

本学科是一门介于物理学、地质学、大气科学、海洋科学和天文学之间的边缘学科。它通过利用先进的电子和信息技术、航空航天技术和空间探测技术对各种地球物理场进行观测，来探索地球内部及其周围空间、近地太空的介质结构、物质组成、形成和演化，研究与其相关的各种自然现象及其变化规律。在此基础上为探测地球内部结构与构造，寻找能源、资源和环境监测提供理论、方法和技术，为灾害预报提供重要依据。毕业生可到航天、环境保护、地震、建筑、能源、交通、铁道、水利、地矿、煤炭、石油、化工、科研院所、大专院校等行业、部门从事地球物理的科研、勘察、管理等工作。

二、职业方向

【职业方向一】科研、教学人员

对应专业：本学科所有专业。

职业内涵：在各类科研院所、高等院校从事地球物理学研究工作。

职业发展：在各类科研院所、高等院校对石油探测新方法与新技术、中国沿海的物探远景规划与东海和南海开发、航空磁测及解释、卫星判读及在地球物理学中的应用、震源物理及地球介质的破裂力学研究、中国地热的开发和利用、地壳与上地幔的深部构造与动力研究、地震预报和预防等方面进行研究。地球物理学研究人类赖以生存的自然资源和自然环境，直接涉及“资源”和“环境”两大主题。“资源”是建设和发展的基础，而“环境”则是建设和发展的载体。国家对这一高层次人才的需求是非常强烈的。

【职业方向二】水利、电力、交通等企业工程技术人员

对应专业：本学科所有专业。

职业内涵：在水利、电力、交通等各类大型工程中进行工程勘测、生态保护工作。

职业发展：随着许多大型工程（如高铁、高速公路、特高压线路、南水北调、航天深空探测等）的实施，国家对地球物理学类专业的需求会保持比较稳定的增长态势。

很多能源方面的外企也对此类专业有很强烈的需求。

【职业方向三】地质、石油、煤炭等企业技术研究、管理、服务人员

对应专业：本学科所有专业。

职业内涵：在地质、石油、煤炭等企业从事有关能源、资源探测技术和方法的研究管理、服务和应用工作。

职业发展：此类职业具体工作涉及地球内部结构、动力和演化研究、资源勘查和开发利用，地质灾害的预测和防治，水利、电力、交通等重大基础工程的勘测，生态环境的保护以及对污染的监测等。但是，地球物理学类专业不是单纯搞理论研究的专业，应用是其主要目的。

【其他职业方向】航空航天发射场站系统操作员、空间探测科研人员、建筑交通企业环境保护工程师等

三、专业体验

吉林大学地球物理学专业任某：

学地球物理，有很多就业方向，看你怎么选择！大一的基础课很重要，特别要注意数学和英语的学习！那是基础的基础，否则后期学起来会很吃力！再有，计算机要跟上，最好自己能编程。就业方向：地震勘探、重磁电勘探、测井、仪器、无线电通信等。不同学校有不同侧重，关键看自己的选择（兴趣）。将来可以去石油、煤田、水利、通信行业就业。但无论选择什么方向，数学、英语、计算机、物理、地质都得学好。当然，从就业角度讲，本专业属于小众就业，企业的需求量较少。但对于有兴趣、有志向的同学来说，绝对是无悔的人生选择。

四、专家提示

此类专业虽属前沿科技专业，但分数一般不太高，不过对考生的数学、物理科目有较高的要求。一般在野外作业，但不像人们想象的那样辛苦。对于感兴趣的同学来说，到野外作业，既能发现各种资源，又能放松身心，是不错的选择。女生慎报。

五、院校推荐

排名	学校名称	等级	排名	学校名称	等级	排名	学校名称	等级
1	北京大学	5	3	中国科学技术大学	4			
2	武汉大学	4	4	吉林大学	4			

地质学类

一、学科概述

地质学类专业包括：地质学、地球化学、地球信息科学与技术、古生物学。

火山爆发、地震、海啸，晶莹剔透的水晶、光彩夺目的宝石，生物的起源，你能把它们联系到一块儿吗？地质学会告诉你它们的内在联系。地质学是以地球为主要研究对象的科学。地质科学的根本任务在于认识地球和它的演化发展，并利用这种认识保证人类生存和发展所需要的自然资源，保障和改善人类居住的环境。此类专业培养能在科研机构、学校从事地质科学研究或教学工作，在地矿、冶金、建材、石油、煤炭、材料、环境、基础工程、旅游开发行业从事技术开发与技术管理工作，以及在行政部门从事管理工作的高级专门人才。

二、职业方向

【职业方向一】地质勘探人员

对应专业：地质学、地球化学。

职业内涵：专门从事地质勘探的工作，一般要到野外进行实地勘察。

职业发展：随着社会经济的发展，国家对资源的需求越来越强烈，除了外购，也必须进行立足于自身资源的勘探。因此国家做出战略调整，加强对地质勘查行业的投入。从进入新世纪开始，地质行业开始复苏，并且得到迅速发展。而随着技术的提升，开采也从过去的浅层矿发展到现在的深层矿，新一轮的资源开发正在进行，地质行业又恢复了勃勃生机。于是，市场对地质勘探人才的需求将保持比较稳定的增长态势。

【职业方向二】工程建设中的地质技术人员

对应专业：地质学、地球化学、地球信息科学与技术。

职业内涵：一般在大型工程如道路、桥梁、水利工程、涵洞建设及矿山开采等建设中从事地质勘探及技术开发工作。

职业发展：我国基础设施和民生领域有许多短板，产业亟须改造升级。随着国家经济实力的增强，我国将会逐步建设一大批水电核电、特高压输电、智能电网、油气管网、城市轨道交通等重大项目。这些项目的建设，都需要大量的地质学方面的工程技术人员。因此，国家对这类人才的需求将保持一个比较稳定的增长态势。

【职业方向三】珠宝首饰评估师

对应专业：地质学、地质化学。

职业内涵：珠宝首饰评估是与房地产评估、机器设备评估、企业价值评估、动产评估和无形资产评估并列的国际资产评估六大系列行业之一。

职业发展：现在买珠宝的人多了，很多人都希望能有专业的珠宝首饰评估师来给自己买的东西把关。但是目前，我国的珠宝首饰评估行业刚刚起步，从业人员供不应求。目前，在日常的珠宝交易、财产分割的民事活动、保险公司、典当拍卖、法院量刑等涉及珠宝估价的社会事务中，都需要珠宝首饰评估师的参与。但我国珠宝首饰评估师的数量远远不能满足社会的需求。

【其他职业方向】环境保护工程师、交通建设技术员、地质公园开发与管理人员等

三、专业体验

中国地质大学地质学专业肖某：

对于地质专业，首先大家要转变一下观念。这个时代已经不是扛着锤头、放大镜等到处跑野外的艰苦时期了！即使是出野外，也是相当方便的，越野车、掌上电脑等先进的工具和设备应有尽有，吃饭住宿更是没问题了！现在我国地质工作者的缺口还是蛮大的，本科生的就业形势在近几年内也是很乐观的。还有一点就是，全世界对能源的重视程度是以往无法比拟的。

各学校地质学专业的侧重点不太一样。比如，中国地质大学（武汉）侧重环境地球化学，中国地质大学（北京）侧重岩石地球化学。地质学专业的就业率还是不错的，主要面向全国几个地质调查中心。如果有意从事科研工作，或者更高级的工作，建议继续深造。如果有从事科研的打算，读硕士、博士，都不是很难的事情，升学率很高。

四、专家提示

北京大学、南京大学、中国地质大学、武汉大学都是开设该学科的重点大学；西北大学、成都理工大学、河北地质大学也是开设本学科的优秀大学。此类专业就业领域广阔，发展空间大，就业较好，但应做好在边远、艰苦环境中工作的心理准备，比较适合有志向的男生填报。地质类专业面向艰苦行业工作的比例大，这也使得很多考生不愿报考。但从近几年的分配去向看，地质院校培养的本科毕业生绝大多数进入地质科研院所和效益较好的地勘单位和石油勘查单位工作。考研深造也是不错的选择。色弱者限报。

五、院校推荐

排名	学校名称	等级	排名	学校名称	等级	排名	学校名称	等级
1	中国地质大学(武汉)	5	3	中国地质大学(北京)	4	5	成都理工大学	4
2	北京大学	4	4	西北大学	4	6	长安大学	4

生物科学类

一、学科概述

生物科学类专业包括：生物科学、生物技术、生物信息学、生态学。

生物科学被称为21世纪新经济的重要支柱。生物科学类专业是理工结合的专业。其中生物科学侧重于研发，也就是理；生物技术侧重于制造，也就是工。打个比方，种出一颗花生喂小白鼠，观察它有什么反应，这就是生物科学；提取花生中的元素来制成胶囊投放市场，这就是生物技术。主要学习生物科学技术方面的基本理论、基本知识，学生将受到应用基础研究和技术开发方面的科学思维和科学实验训练。毕业生主要在科研机构、高等院校以及国家机关等部门从事科研、技术、教学、管理等工作。

二、职业方向

【职业方向一】生物学研究人员

对应专业：本学科所有专业。

职业内涵：从事生物学基础理论研究工作。

职业发展：生物科学是目前国际上发展最迅速、最热门的学科之一。由于生物科学现在需要解决和可以解决的问题都很多，所以在未来一段时间内仍旧会是现代科学发展的核心之一。但是由于它所带动的下游产业有限，同时这些产业都具有投资规模大、风险较高的特点，所以本专业培养的人才主要还是从事科研工作。

【职业方向二】生物工程技术人员

对应专业：生物科学、生物技术、生物信息学。

职业内涵：在各类生物工程类企事业单位从事产品开发、技术研究工作。

职业发展：21世纪是生物世纪，生物学类专业就业前景广阔。现今，人口、环境、食物、资源与健康等问题的解决，也都要依赖生物学与生物技术。可以说，生物学类专业已经渗透到人类生产和生活的各个领域，就业前景广阔。目前，生物技术产业在中国还处于起步阶段。因为生物技术具有前期投入大、风险大的特点，按照中国国情，短时间内中国无法形成大规模的生物产业集团，因此要做好读硕读博的准备。

【职业方向三】生物教师

对应专业：本学科所有专业。

职业内涵：在大学、中学从事生物教学工作。

职业发展：目前的高校都向综合性大学的方向发展，因此对生物学教师的需求也有所增加。但高校对学历的要求较高，硕士毕业要想进一线城市的院校或重点大学有一定的困难。除高校外，毕业生可把目光投向初中和高中学校。因为高考改革，生物课在“3＋X”模式中占有比较重的分量，这样中学对生物教师就有了较大的需求。作为研究生，只要表达能力和专业功底不错，应聘中学教师的岗位还是具有一定优势的。

【其他职业方向】生物医学工程师、食品科学技术员、化学技术员、文职人员等

三、专业体验

湖南农业大学生物科学专业张某：

如果不是真心喜欢生命科学，最好还是不要贸然报考生物专业。诚然生命科学是一门飞速发展、引人入胜的科学，但是不能否认的是大多数选择生物作为本科专业的学生毕业后面临着比较严峻的就业形势。做生物研究是需要极大的献身精神和良好的思维能力的。

我觉得生物科学以后有两个就业方向——做科研和进公司搞销售。如果想搞科研的话，就要把基础课学好，做好读硕读博的准备。如果四年以后打算找工作的话，除了把专业课学好外还要多参加一些社团活动来增强自己的能力。

对于生物科学专业来说，地区性差异是必然存在的一个问题。大城市经济发展迅速，相应的新需求不断增加，这为专业的发展提供了动力和可能性。中小城市在这个方面的发展则相对缓慢一些。

四、专家提示

开设该专业的有我国许多综合性大学，如北京大学、清华大学、南开大学、浙江大学、兰州大学、广西大学、河北大学；有农林类大学，如中国农业大学、华中农业大学、西南大学、北京林业大学、东北林业大学、中南林业大学；有医学类高校，如第二军医大学、第四军医大学、首都医科大学；有师范类高校，如北京师范大学、华东师范大学、陕西师范大学、河北师范大学……

此类专业课业繁重，有大量的实验等着你去做。报考此类专业的学生既要有扎实的化学、数学基础，还要有很强的动手能力。此类专业本科毕业找工作较难，一定要考研读博。色盲、色弱和嗅觉丧失的学生限报。

五、院校推荐

排名	学校名称	等级	排名	学校名称	等级	排名	学校名称	等级
1	北京大学	5	21	清华大学	5	41	华南师范大学	4
2	复旦大学	5	22	东北林业大学	4	42	四川农业大学	4
3	浙江大学	5	23	东北师范大学	4	43	山东农业大学	4
4	上海交通大学	5	24	中南大学	4	44	福建师范大学	4
5	武汉大学	5	25	西北大学	4	45	贵州大学	4
6	中山大学	5	26	西南大学	4	46	福建农林大学	4
7	四川大学	5	27	暨南大学	4	47	湖南农业大学	4
8	厦门大学	5	28	河北师范大学	4	48	华南农业大学	4
9	华中农业大学	5	29	首都师范大学	4	49	中国医科大学	4
10	中国农业大学	5	30	华中师范大学	4	50	陕西师范大学	4
11	中国科学技术大学	5	31	南京林业大学	4	51	同济大学	4
12	南京大学	5	32	西北农林科技大学	4	52	安徽师范大学	4
13	南开大学	5	33	南京师范大学	4	53	吉林大学	4
14	山东大学	5	34	中南林业科技大学	4	54	扬州大学	4
15	兰州大学	5	35	南京农业大学	4	55	北京林业大学	4
16	云南大学	5	36	华中科技大学	4	56	西安交通大学	4
17	华东师范大学	5	37	中国海洋大学	4	57	河北大学	4
18	湖南师范大学	5	38	南昌大学	4	58	山东师范大学	4
19	北京师范大学	5	39	东北农业大学	4	59	安徽农业大学	4
20	内蒙古大学	5	40	苏州大学	4	60	石河子大学	4

心 理 学 类

一、学科概述

心理学类专业包括：心理学、应用心理学。

心理学是一门研究人的心理现象及其发生发展规律的科学。它既研究个体的心理现象，也研究群体的社会心理现象。对人心理的探究既离不开数据证明的定量研究，又离不开对社会文化、家庭背景、个人成长经历的考察，所以心理学是一门兼有自然科学和社会科学性质的交叉学科。基础心理学归为自然科学范畴，发展与教育心理学及应用心理学归类于社会科学范畴。此类专业培养能在科研部门、高等和中等学校、企事业单位等从事心理学科学研究、教学工作和管理工作的高级专门人才。

二、职业方向

【职业方向一】心理咨询师

对应专业：本学科所有专业。

职业内涵：指运用心理学以及相关学科的专业知识，遵循心理学原则，通过心理咨询的技术与方法，帮助求助者解除心理问题的工作。

职业发展：随着社会的发展、人们的生活水平的提高，人们的社会压力、生活压力也日益增大，由此引发的各种心理疾患、心理障碍有待应用心理学专业人士去解决。国内心理学专业研究生毕业后，就业流向主要包括高校、公安司法机关、中小学、医院诊所、心理咨询机构等。

【职业方向二】危机处理专家或谈判专家

对应专业：本学科所有专业。

职业内涵：在应对突发事件、犯罪或公共安全方面，对某个或某群人进行心理疏导和现场控制的工作。一般供职于公安部门。

职业发展：我国现在处于社会阶层矛盾逐步尖锐的时期。社会竞争力的加大导致人们的对立情绪以及厌世情绪逐渐增多。缓和社会矛盾既需要建立更完备的社会保障体系，给予相应人群生活、经济上的帮助；又需要建立完善的心理健康关慰体系，对相应人群进行心理开导，让他们从心理上回归正道。因此现代社会对此类职业的需求将会越来越多。

【职业方向三】心理学研究及教学人员

对应专业：本学科所有专业。

职业内涵：在普通高校或科研院所从事心理学教学与科研的工作。

职业发展：近年来高校对学生的心理健康问题越来越重视。现代社会竞争的加剧，使许多人在心理上出现了问题，这就要求加强心理学的研究与实践，通过有效的心理疏导帮助人们更好地学习、工作及生活。各地教委都要求在大学开设大学生心理健康教育课程。除了大学生心理健康教育课之外，很多诸如《心理学与生活》之类的公共课普遍受到学生们的热捧。这些都为心理学专业的学生提供了很好的就业舞台。心理学硕士较好的就业方向之一是进入心理学系和教育系成为一名心理学老师。

【其他职业方向】人力资源师、中小学教师、文职人员、人力资源培训、劳资关系专职人员等

三、专业体验

陕西师范大学心理学专业毕业生陈某：

一般来说，大一不用看太多专业书，主要是适应大学生活。就业不完全靠专业，更重要的是看综合能力。建议参加一至两个感兴趣的社团或者学生会，以增强自己的社交能力和处理问题的能力。

四年心理学本科中，课程基本上都是以理论为主。当真正开始上课的时候，会发现很多课程不是想象中那么有意思，需要自己多看书。

本科毕业一般是到中学当心理老师，工作稳定，收入一般。如果你想做一位出色的心理咨询师，那你的学习道路还很长，需要不断地学习与自我成长，最好要考研考博。心理咨询师收入高，但也很累，如果自己喜欢就要另当别论。

四、专家提示

心理学专业好的院校主要集中在师范院校，教育部直属的六所师范院校都不错。另外，一些综合性的大学也开设了此类专业，如北京大学、浙江大学等。报考时一定要注意学校层次和专业方向，如基础心理学很适合有浓厚学术兴趣和学术理想的考生，一般到高校、科研院所工作，必须读到博士。教育心理学主要到大学做心理辅导员或到中小学做心理教师。此类专业目前就业不是太理想，最好考研考博或出国深造。色弱者限报。

五、院校推荐

排名	学校名称	等级	排名	学校名称	等级	排名	学校名称	等级
1	北京师范大学	5	19	西北师范大学	4	37	云南师范大学	4
2	华东师范大学	5	20	宁波大学	4	38	内蒙古师范大学	4
3	北京大学	5	21	中国人民大学	4	39	江西师范大学	4
4	西南大学	5	22	湖南师范大学	4	40	哈尔滨师范大学	4
5	华南师范大学	5	23	苏州大学	4	41	南方医科大学	4
6	浙江大学	5	24	南京大学	4	42	曲阜师范大学	4
7	华中师范大学	5	25	新乡医学院	4	43	山东中医药大学	4
8	陕西师范大学	5	26	上海师范大学	4	44	浙江师范大学	4
9	东北师范大学	5	27	郑州大学	4	45	武汉大学	4
10	天津师范大学	5	28	鲁东大学	4	46	潍坊医学院	4
11	中山大学	5	29	广州大学	4	47	安徽师范大学	4
12	辽宁师范大学	5	30	吉林大学	4	48	贵阳医学院	4
13	南京师范大学	5	31	南开大学	4	49	广州中医药大学	4
14	哈尔滨工程大学	5	32	北京体育大学	4	50	河南大学	4
15	南昌大学	4	33	首都师范大学	4	51	福建医科大学	4
16	北京林业大学	4	34	河北师范大学	4	52	复旦大学	4
17	山东师范大学	4	35	福建师范大学	4	53	大连医科大学	4
18	清华大学	4	36	山西大学	4	54	浙江理工大学	4

统 计 学 类

一、学科概述

统计学类专业包括：统计学、应用统计学。

统计学类是应用数学的一个分支，主要通过概率论建立数学模型，收集所观察系统的数据，进行量化分析、总结，做出推断和预测，为相关决策提供依据和参考。它被广泛应用在各门学科之上，甚至应用在工商业及政府的情报决策之上。统计学不仅是统计数学，而且包含了调查、收集、分析预测等内容。统计学专业毕业生的主要就业流向有四大部分：政府部门（统计局等），银行、保险公司、证券公司等金融部门，市场调查公司、咨询公司的市场研究部门，工业企业的质量检测部门等。

二、职业方向

【职业方向一】政府部门、银行、保险公司的统计工作者

对应专业：本学科所有专业。

职业内涵：在各类企事业单位的经济、管理部门从事统计工作。

职业发展：统计工作在社会、经济中具有非常广泛的应用领域。政府部门、事业单位、企业、经济管理部门都需要统计人员。目前，我国的统计信息化建设水平还比较低，实现统计工作的信息化是我国统计工作发展的必然趋势。因此，统计人才市场需求将长期保持比较稳定的增长趋势。

【职业方向二】民间统计机构统计咨询人员

对应专业：本学科所有专业。

职业内涵：在民间统计机构从事统计咨询工作。

市场趋势：随着我国市场经济的不断完善和全球化贸易的发展，民间统计越来越热。民间统计是政府统计之外的涉及市场调研、统计分析、预测和决策等内容的一系列统计活动，包括各类统计调查公司、统计信息咨询中心、统计师事务所、统计研究所、企业管理咨询公司等，主要为企业和居民提供市场微观信息。民间统计机构，由于其服务的多样性、形式的灵活性，目前在我国获得大幅度的发展，已经逐渐为广大统计学专业学生提供了广阔的就业舞台。民间统计机构必将成为统计专业学生就业的主要渠道之一。

【职业方向三】高校教师或研究人员

对应专业：本学科所有专业。

职业内涵：在各类高等学校、职业教育、科研院所从事统计学教学及研究的专业人员。

职业发展：社会经济的发展，要求统计提供更多的统计方法；社会科学本身的细分化与定量化发展，也要求统计能提供更有效的调查整理、分析资料的方法。这样一来，社会对统计人才的要求就更多了。但现实对从事统计学教学、研究的人才需求量较小，若要从事该行业，必须有考研、读博的决心及毅力。

【其他职业方向】统计师、保险精算师、会计、文职人员、管理分析人员、市场调查员、职业信息分析师、质检员、出纳员、公务员等

三、专业体验

浙江财经大学统计学专业任某：

统计专业就业面广泛，在很多领域都可以用到，比如可以在公司里负责有关数据的处理和分析。整体而言，如果英语比较好、统计分析能力强，并且具备一定的社会实践经验，则进入跨国公司和大牌咨询公司的机会就会很大。

由于毕业生就业压力较大，所以就业时需注意的事项也很多。首先，要有优秀的专业成绩。竞争大，自然而然就要优中选优，而专业成绩的好坏是衡量你优秀与否的一个重要条件。因而，在面试时，一定要带上你的成绩单。一般单位都认为，好学生是能做好统计工作的，因为统计工作需要认真、耐心、踏踏实实。

四、专家提示

统计学一般开设在综合性大学，如北京大学、山东大学、复旦大学、南开大学；也开设在财经类大学，如西南财经大学、天津财经大学等。对数学、物理和计算机感兴趣的同学可报考该类专业。此类专业社会需求相对较小，所以学校层次一定要高，最好考研考博。想去统计局工作，必须要参加公务员考试。另外，此类专业考研可以转向金融、会计和精算方向。

五、院校推荐

排名	学校名称	等级	排名	学校名称	等级	排名	学校名称	等级
1	复旦大学	5	19	中央财经大学	4	37	云南大学	4

续表

排名	学校名称	等级	排名	学校名称	等级	排名	学校名称	等级
2	北京师范大学	5	20	东南大学	4	38	西北工业大学	4
3	四川大学	5	21	北京理工大学	4	39	湘潭大学	4
4	西南财经大学	5	22	南京师范大学	4	40	西南交通大学	4
5	厦门大学	5	23	广州大学	4	41	太原理工大学	4
6	山东大学	5	24	中南财经政法大学	4	42	燕山大学	4
7	南开大学	5	25	华中科技大学	4	43	北京航空航天大学	4
8	吉林大学	5	26	首都经济贸易大学	4	44	同济大学	4
9	中国科学技术大学	5	27	重庆大学	4	45	华南农业大学	4
10	南京大学	5	28	湖南大学	4	46	西北大学	4
11	北京大学	5	29	华中师范大学	4	47	山西财经大学	4
12	中国人民大学	5	30	西南大学	4	48	云南财经大学	4
13	华东师范大学	5	31	湖南师范大学	4	49	武汉理工大学	4
14	上海财经大学	5	32	郑州大学	4	50	山西大学	4
15	中山大学	4	33	东北师范大学	4	51	西安电子科技大学	4
16	中南大学	4	34	苏州大学	4	52	广东财经大学	4
17	西安交通大学	4	35	杭州电子科技大学	4	53	江西财经大学	4
18	武汉大学	4	36	西安财经学院	4	54	兰州交通大学	4

力 学 类

一、学科概述

力学类专业包括：理论与应用力学、工程力学。

力学是以数量的观点去认识自然，去认识人类社会所获得的知识，是航空航天、能源动力、石油化工、机械仪器、建筑土木、交通运输等工业部门的共同理论基础，同时对信息科学、新型材料研制、生命科学、环境工程等新领域的开拓起着十分重要的作用。除了能在教育科研部门从事科研教学工作外，也能在各种工程（如航空交通、石油化工、机械土建、船舶水利、材料轻工等）中从事与力学有关的科研技术开发、工程设计等工作。

二、职业方向

【职业方向一】工程咨询、工程技术管理人员

对应专业：工程力学。

职业内涵：在能源、交通、机械、建筑、桥梁等领域从事与力学相关的工程咨询、工程与技术管理工作。

职业发展：工程力学专业具有很强的适应性，在许多行业都可以找到与其相关的工作。并且随着社会经济的进步及体制改革的深化，风险投资公司、开发银行等金融机构越来越深入地参与到大型工程建设领域，基础工程建设市场化运作的趋势不可避免。投资集团在大型建设项目中需要大量的进行监督及质量控制等方面的专业技术人才，以提高基本建设工程的建设速度与运营效率。这也将是力学类专业毕业生一个很好的去向。

【职业方向二】工程技术人员

对应专业：理论与应用力学、工程力学。

职业内涵：在能源、交通、机械、建筑、桥梁等领域从事与力学相关的工程设计工作，在各类大型建设项目中担任技术施工与研究工作。

职业发展：随着国家“一带一路”构想的逐步落地和国家重大建设项目的持续实施，力学工程技术人员的需求也将保持一个稳定增长的态势。开发清洁无污染的能源成为国家发展的重点，比如建设水力发电项目、核能发电项目等，这使力学专业毕业

生的就业领域不断拓展。

【职业方向三】科研人员

对应专业：理论与应用力学

职业内涵：在教学、科研部门从事力学方面的研究工作。

职业发展：作为自然科学中的基础学科，力学的研究成果在国民经济以及社会的各个方面得到了广泛应用。国家对力学类专业的高层次人才的需求也是非常强烈的。比如，高温气体热力学、新材料结构力学、高超声速推进系统及高速碰撞力学等一系列重大力学问题，制约着我国高科技的发展，需要一大批在这一领域有潜力、有兴趣、有志向的学生去创造未来。

【其他职业方向】软件开发员、公务员等

三、专业体验

郑州大学工程力学专业蔡某：

力学离不开人们的日常生活，关乎人们的衣食住行。比如，在大型飞机制造过程中，力学在其中的气动外形设计、结构强度设计、减震降噪等方面起着关键作用；在高铁的设计制造过程中已经成熟地运用了空气动力学、车辆系统动力学等力学专业知识，使高铁出行变得更加安全、舒适；甚至通过环境力学的深入研究也可以找到解决雾霾的可行方法。

从事力学研究的人最好选择继续深造。这不仅是个人价值的体现，还有利于自己职业的发展。力学专业的学生还适合攻读航空航天、机械、能源、环境、计算机甚至经济、管理方面的硕士、博士学位。

工程力学专业的毕业生一般有以下几个去向：在科研院所或大学从事教育科研工作；继续考研读博；在国防单位工作；在一些大型企业从事软件开发等工作；考取公务员。

四、专家提醒

马克思曾指出，“力学是大工业的真正的科学基础。”它的研究对象包括了天上的卫星、空间站，地上的高速铁路、汽车、轮船，环境污染的雾霾，自然界的风沙、河流、台风，人体的心脏跳动、血液流动，等等。正因为力学类专业有“基础厚、口径宽”的特点，需要我们在力学的学习中用“通识＋专业”的模式尽快确定自己重点突破的专业方向，不能平均用力。术业有专攻才能成就事业。

五、院校推荐

排名	学校名称	等级	排名	学校名称	等级	排名	学校名称	等级
1	清华大学	5	7	河海大学	4	13	南京航空航天大学	4
2	北京大学	5	8	西安交通大学	4	14	北京理工大学	4
3	大连理工大学	5	9	同济大学	4	15	西南交通大学	4
4	上海交通大学	5	10	浙江大学	4	16	华中科技大学	4
5	哈尔滨工业大学	4	11	天津大学	4	17	郑州大学	4
6	北京航空航天大学	4	12	西北工业大学	4	18	武汉大学	4

机　械　类

一、学科概述

机械类专业包括：机械工程、机械设计制造及其自动化、材料成型及控制工程、机械电子工程、工业设计、过程装备与控制工程、车辆工程、汽车服务工程、机械工艺技术、微机电系统工程、机电技术教育、汽车维修工程教育。

机械类专业与国民经济的发展息息相关，不仅加强了对数学、力学等基础知识的运用，而且将机械结构的设计、加工、制造作为基础，融入自动控制技术、信息技术、计算机科学技术、艺术等，研究和解决在开发、设计、制造、安装、运用和修理各种机械中遇到的理论和实际问题。同时很多行业的发展，都离不开机械类行业的技术支撑，如航空航天、船舶制造、建筑机械、农业机械等。任何行业，无论是生产型企业还是研发型单位，只要使用设备、生产线，都需要机械类专业的人才。

二、职业方向

【职业方向一】相关企事业单位工程技术人员

对应专业：本学科所有专业。

职业内涵：在各类机械类企事业单位从事技术研究，产品开发、维护及管理的专业技术工作。主要工作岗位包括生产总监（生产主管）、设备管理、质量管理、项目管理、产品开发、设备设计制造、机械制造工艺师、CNC 工程师等。

职业发展：我国目前处于工业化的中期阶段，各类制造业正处于兴旺发达的时期，对人才的需求十分旺盛，再加之宽口径、厚基础、重实践和创新意识的专业训练，使该类学科毕业生的就业情况比较好。参考国家战略路线，未来传统行业会在工业 4.0 的浪潮下迎来大的变革，先进制造技术将向信息化、极限化和绿色化方向发展，成为未来制造业赖以生存的基础和可持续发展的关键。国家重大前沿技术将在极端制造、智能制造与应用技术、成套装备与系统设计验证技术、可靠的大型复杂系统和装备设计方面，焕发出机械类行业的勃勃生机。

【职业方向二】相关行业产品销售和维护人员

对应专业：本学科所有专业。

职业内涵：在工业企业、金融银行、咨询服务或政府部门担任研究、规划、咨询服务工作。

职业发展：机械专业呈现跨学科、多行业就业的趋势。大到航天、造船、盾构机、汽车、火车、采矿、钻井，小到冰箱、洗衣机、手机、曲别针，它的身影无处不在。学好专业知识的同时，还要加强市场营销及工商管理方面知识的学习，多参加本行业的实习及社会实践工作。掌握机械专业方面的技术知识，具备管理营销能力，从事起这方面工作来会更有优势。

【职业方向三】科研人员

对应专业：本学科所有专业。

职业内涵：在各类机械类企业、大学、科研院所从事技术理论、技术研究、产品开发的研究工作。

职业发展：制造业是国民经济的重要支柱。我国是世界制造大国，但还不是制造强国，国家迫切需要有科学精神、创造性思维和创新能力的创新科技型人才。小到生产工程中的工艺改进，大到高档数控机床、工作母机、重大成套技术装备及其关键基础件和通用部件的设计、制造、生产，以及极端制造中的微纳机电系统、超精密制造、制造极端尺寸超大和特小器件，智能服务机器人，系统集成和协同技术等方向都离不开机械专业。这些列入国家人才计划的重大项目，人才培养周期长、需求量大，为机械类毕业生提供了广阔的发展空间。

【其他职业方向】机械工程师、机械技术员、工业机械技术员、汽车机械技术员等

三、专业体验

燕山大学机械设计制造及其自动化毕业生王某：

有些人会认为机械工程从事的工作类似于“工匠”的工作，其实这是一种误读。机械工程是一门独立的学科，它包括理论部分和实践部分。本专业主要是研究、设计、开发、管理各种节省人工、提高效率的自动化设备，从数控机床、IC电子加工设备到航空航天装备都涵盖。在国际上，各国机械工程学会多是各国学会中规模最大、会员最多、活动范围最广的学术团体。

机械类专业最大的特点就是既重视理论系统也强调实际操作。如果对机械方面有一定兴趣，乐于动手实践，并具有较强的逻辑分析能力和较好的数理基础，尤其是空间想象能力，那样会比较适合这个专业。除此之外，还有非常重要的一点就是需要具有一定的独立思考能力和创新能力。但对于就业来说，基础知识必须要学好，要有“一招鲜”的本领。比如，根据要求绘出三维设计图，设计出虚拟的产品，这就需要绘图能力；工厂需要一个零件，你得会加工，能把它制作出来，这就是制造能力；对于机械产品能通过数字实验，把它的内在品质呈现出来，这就是分析能力。有了这样的

能力，就不愁找不到工作，不愁待遇上不去。

四、专家提醒

由于本专业涵盖知识领域全面，所以在选择专业时不要只看专业名称，还要看相关学校的专业内涵，看院校侧重、专业设置以及培养目标。例如，按功能或工作原理分，有的侧重机械设计、机械制造，有的侧重机电一体化，有的专攻液压；按服务的产业分，有的偏重航空航天机械，有的偏重纺织机械，有的侧重于印刷，有的侧重冶金。所以在选择专业时要根据自身的兴趣以及机械类未来发展方向量体裁衣。在平时的学习中要有所侧重，多选修相关方向的课程，多参加相关方向的实践，在全面学习的基础上针对特定领域有所精进。

五、院校推荐

排名	学校名称	等级	排名	学校名称	等级	排名	学校名称	等级
1	浙江大学	5	21	西北工业大学	5	41	长春理工大学	4
2	清华大学	5	22	合肥工业大学	5	42	福州大学	4
3	西安交通大学	5	23	同济大学	5	43	广东工业大学	4
4	华中科技大学	5	24	江苏大学	5	44	兰州交通大学	4
5	哈尔滨工业大学	5	25	山东大学	5	45	南京理工大学	4
6	东北大学	5	26	太原理工大学	5	46	浙江工业大学	4
7	北京理工大学	5	27	东南大学	5	47	华东理工大学	4
8	湖南大学	5	28	南京航空航天大学	4	48	南京林业大学	4
9	西南交通大学	5	29	北京科技大学	4	49	北京化工大学	4
10	武汉理工大学	5	30	上海大学	4	50	哈尔滨工程大学	4
11	燕山大学	5	31	东华大学	4	51	中国矿业大学(徐州)	4
12	吉林大学	5	32	长安大学	4	52	西安电子科技大学	4
13	上海交通大学	5	33	哈尔滨理工大学	4	53	山东科技大学	4
14	重庆大学	5	34	武汉科技大学	4	54	西安科技大学	4
15	华南理工大学	5	35	中国农业大学	4	55	北京交通大学	4
16	北京航空航天大学	5	36	南昌大学	4	56	太原科技大学	4
17	四川大学	5	37	中国矿业大学(北京)	4	57	兰州理工大学	4
18	中南大学	5	38	西南石油大学	4	58	昆明理工大学	4

续表

排名	学校名称	等级	排名	学校名称	等级	排名	学校名称	等级
19	大连理工大学	5	39	浙江理工大学	4	59	中北大学	4
20	天津大学	5	40	河北工业大学	4	60	上海理工大学	4

仪 器 类

一、学科概述

仪器类专业包括：测控技术与仪器。

测控技术与仪器是将自动化系统上的信号加以采集、整理、处理而后进行显示或者发出控制信号的过程。测控技术与仪器专业是信息科学技术的源头，是光学、精密机械、自动控制、信号处理、电子、电力、计算机与信息技术多学科互相渗透而形成的一门高新技术密集型综合学科。它的专业面广，小到生产过程自动控制，大到火箭卫星的发射及监控。毕业生能在国民经济各部门及国防建设、教育科研等部门从事仪器与系统的设计制造、科技开发、应用研究、企业管理等工作。

二、职业方向

【职业方向一】仪器类企事业单位的工程技术人员

对应专业：测控技术与仪器。

职业内涵：在精密仪器、光学工程、精密工程及测控技术领域从事各类仪器仪表产品开发、技术研究及质量管理等方面的专业人员。

职业发展：在工业企业进步及发展的过程中，自动化的技术进步是一个大的发展趋势，这就对各种仪器仪表的需求从质到量上都有一个不断革新的过程。那么作为专门进行仪器仪表研制及生产的企业也将有着极为广阔的市场，它们对人才的需求也会不断地增加。从生活中常用的手机、平板电脑、消费电子产品等用品里面的感知器件和嵌入式芯片，到高精尖科技所需的导航、传感设备，都属于仪器类专业的范畴。在科学研究领域，科学家获取数据所需的精密仪器也是该专业所涉及的领域。

【职业方向二】仪器、仪表类的科研开发人员

对应专业：测控技术与仪器。

职业内涵：在中外合资、独资企业、科研院所等部门从事检测技术与自动化装置领域的理论研究与技术开发。

职业发展：随着科学技术的发展，我国在检测技术与自动化装置领域进行了越来越深入的理论研究和自主知识产权研发。测控技术与仪器专业的毕业生就业领域十分广阔，他们既可以在传统的制造业就业，也可以在新兴的物联网行业从事特殊传感设

备的研究，甚至可以在机器人和无人驾驶领域从事通信方面的工作。即便是在航空航天领域也迫切需要此类专业的相关人才。

【职业方向三】仪器类产品销售工程师

对应专业：测控技术与仪器。

职业内涵：在相关单位从事机电、测控、仪器仪表、通信、家电等产品销售的专业技术人员。

职业发展：我国目前处于工业化的中期阶段，对此类人才的需求十分旺盛，因此该类学科毕业的学生就业情况都比较好。尤其是既有管理销售能力，又有专业知识的人才更为紧俏。

【其他职业方向】大型企业生产工程师、航空航天等大型企业安全工程师、汽车及医学等企业工程师等

三、专业体验

哈尔滨工程大学测控技术与仪器专业郑某：

我们这专业口径宽，课本上的知识不足以满足科技的发展，自己要找类似的书好好学。建议考研。

测控技术与仪器是一个实践性极强的学科，就业注重看你的实践能力以及创新意识。要求有综合使用计算机、电子、专业软件的能力，强调动手能力和逻辑思维能力。具体工作多种多样，你可以根据自己的兴趣进行选择。值得一提的是，检测技术方向人才的需求量非常大，交通运输、特种设备、石油化工、航空航天、机械、电力等行业，都离不开该专业的人才，特别是沿江经济带，好多企业都在千方百计地寻找高端检测人员。随着目前电子科学、嵌入式技术、新型传感器技术的不断发展，测控技术与仪器专业的就业前景一片大好。

四、专家提醒

仪器仪表是信息产业的重要组成部分，是信息工业的源头。随着仪器类专业从机电一体化向光机电一体化技术的方向发展，其应用范围愈来愈广。国家中长期发展规划中把测控技术与仪器方面的人才，列入了国家急需的技术人才目录。在人机一体化的发展趋势下不但要学好专业知识，同时也要加强人文、艺术和社会科学知识的学习。

五、院校推荐

排名	学校名称	等级	排名	学校名称	等级	排名	学校名称	等级
1	天津大学	5	16	西北工业大学	4	31	西安工业大学	4
2	北京航空航天大学	5	17	浙江大学	4	32	桂林电子科技大学	4
3	哈尔滨工业大学	5	18	燕山大学	4	33	厦门大学	4
4	华中科技大学	5	19	长春理工大学	4	34	上海理工大学	4
5	东北大学	5	20	西安理工大学	4	35	杭州电子科技大学	4
6	清华大学	5	21	沈阳工业大学	4	36	山东大学	4
7	东南大学	5	22	哈尔滨理工大学	4	37	安徽工业大学	4
8	重庆大学	5	23	中国计量学院	4	38	南昌航空大学	4
9	上海交通大学	5	24	南京航空航天大学	4	39	西安石油大学	4
10	吉林大学	5	25	大连理工大学	4	40	武汉大学	4
11	西安交通大学	5	26	中国科学技术大学	4	41	湖南大学	4
12	中北大学	5	27	南京理工大学	4	42	华北电力大学	4
13	合肥工业大学	4	28	四川大学	4	43	西南石油大学	4
14	哈尔滨工程大学	4	29	北京理工大学	4	44	广东工业大学	4
15	电子科技大学	4	30	西安电子科技大学	4	45	湖北工业大学	4

材 料 类

一、学科概述

材料类专业包括：材料科学与工程、材料物理、材料化学、冶金工程、金属材料工程、无机非金属材料工程、高分子材料与工程、复合材料与工程、粉体材料科学与工程、焊接技术与工程、宝石及材料工艺学、功能材料、纳米材料与技术、新能源材料与器件。

材料类专业以材料学、化学、物理学为基础，主要研究的是材料的化学成分、组织结构、加工工艺、内部性能及其应用。材料与我们的生活息息相关，既有传统材料，又有新型材料。在科技和工业迅速发展的今天，材料学也日渐发展，成为代表国家战略性新兴产业的专业。纳米材料、生物材料、医用材料、高性能材料、热塑和热固性树脂等，都是新贵材料。毕业生就业面宽泛，可以到石化、通信、医学、纺织、珠宝首饰、机械、船舶、建材、汽车、航空航天等部门工作，也可以到政府部门从事行政管理、质量监督等工作。

二、职业方向

【职业方向一】企事业单位的工程技术人员

对应专业：本学科所有专业。

职业内涵：在石化、通信、医学、纺织、珠宝首饰、机械、船舶、建材、汽车、航空航天等企事业单位从事技术与管理工作。

职业发展：材料是经济和科技发展的基础，能为各个行业提供支持，可以说无处不材料，所以社会对材料学类毕业生的需求也是稳定增加的。根据2007年的统计，我国420多所大学里面开设了材料类专业，比例达到了66%；在112所“211”大学中，有近百所学校设置了与材料类专业相关的专业，占比88%。据此可知，国家很重视材料类专业人才的培养。3D打印材料、隐形涂料、纳米管、富勒烯、石墨烯等新材料的不断涌现使该类专业的就业前景比较乐观。

【职业方向二】科研人员

对应专业：本学科所有专业。

职业内涵：在材料及其相关各行业从事科研、开发等工作。

职业发展：材料科学是自然科学的重要组成部分，对于国民经济及社会发展的各个方面都有着非常重要的战略作用。因此国家对这一领域的高层次人才的需求也是非常强烈的。在此领域有潜力、有兴趣、有志向的学生可以致力于研究基础材料改进优化、新材料的多功能集成化等方向，甚至关系国民经济发展的稀土材料、石油化工、分离材料、轻纺材料、环保的绿色材料等领域都需要大批有志之士的加入。

【职业方向三】销售工程师

对应专业：本学科所有专业。

职业内涵：在航空航天、高铁、核电、石油、轻工、医学、纺织、机械、水利、建筑、电子、交通、钢铁、有色金属、化工、军工、能源等行业从事行业产品销售工作。

职业发展：学好专业知识的同时加强市场营销及工商管理方面知识的学习，积极到相关企事业单位参加实习或社会实践，为未来顺利就业积累经验及人脉关系。传统材料领域的就业趋于稳定，新材料领域的毕业生成了“抢手货”。

【其他职业方向】化学工程师、化学技术员、材料工程师、其他工程师及文职人员等

三、专业体验

重庆大学材料科学与工程专业严某：

要看准方向选学校。材料专业在各大学的专业方向和培养侧重点各有不同，专业方向的选择可能直接影响未来的就业。如北京科技大学的材料专业在全国金属压力加工行业中实力不俗；中南大学的材料专业主要研究航空航天领域中轻质、高强、耐高温的新型复合材料的应用；中国地质大学的材料专业应该叫作无机非金属材料专业。材料类专业很好找工作，一般去钢铁厂、化工厂、冶金公司、材料研究所等。工作地点主要分布在京、津、沪及各省会和沿海发达城市。总的来说，材料本科毕业出去就业没有问题，机会很多，特别是男生，只是工资水平不高，没有建筑行业和银行系统那么优厚。但是研究生毕业情况就大不相同了，工资大概是本科生的两倍。

四、专家提示

开设材料类专业的学校众多，专业方向各异，考生一定要根据自己的兴趣爱好、实际情况来选择。喜欢化学、物理的学生学习起材料来应该会“如鱼得水”。要从事此类职业的学生一定要选择在本行（专）业中有优势的学校，考研或留学向高精尖人才方向发展，以便获得较好的发展平台。

另外，材料专业对身体条件有一定的要求，比如任何一眼矫正到 4.8，镜片度数大

于800度的考生不宜就读材料类专业。患有轻度色觉异常（俗称色弱）和患有色觉异常Ⅱ度（俗称色盲）的学生也要慎选材料类专业。

五、院校推荐

排名	学校名称	等级	排名	学校名称	等级	排名	学校名称	等级
1	中南大学	5	21	南京理工大学	4	41	西南交通大学	4
2	清华大学	5	22	郑州大学	4	42	武汉大学	4
3	东北大学	5	23	东华大学	4	43	湖南大学	4
4	北京科技大学	5	24	重庆大学	4	44	南京工业大学	4
5	哈尔滨工业大学	5	25	北京工业大学	4	45	哈尔滨工程大学	4
6	武汉理工大学	5	26	燕山大学	4	46	湘潭大学	4
7	华南理工大学	5	27	同济大学	4	47	兰州大学	4
8	浙江大学	5	28	南京大学	4	48	福州大学	4
9	西北工业大学	5	29	南昌大学	4	49	江苏大学	4
10	四川大学	5	30	河北工业大学	4	50	贵州大学	4
11	北京航空航天大学	5	31	西安建筑科技大学	4	51	天津工业大学	4
12	上海交通大学	5	32	太原理工大学	4	52	西安理工大学	4
13	西安交通大学	5	33	复旦大学	4	53	太原科技大学	4
14	华中科技大学	5	34	华东理工大学	4	54	兰州理工大学	4
15	天津大学	5	35	武汉科技大学	4	55	中国科学技术大学	4
16	山东大学	5	36	北京理工大学	4	56	北京大学	4
17	北京化工大学	5	37	大连理工大学	4	57	合肥工业大学	4
18	吉林大学	5	38	东南大学	4	58	江西理工大学	4
19	昆明理工大学	5	39	辽宁科技大学	4	59	中山大学	4
20	上海大学	5	40	南京航空航天大学	4	60	华侨大学	4

能源动力类

一、学科概述

能源动力类专业包括：能源与动力工程、能源与环境系统工程、新能源科学与工程。

本类专业包含能源和动力两部分。能源包括煤炭、原油、天然气、水能、核能、风能、太阳能、地热能、生物质能等一次能源和电力、热力、成品油等二次能源，以及其他新能源和可再生能源。动力实质上就是能源间的转化，如热力发动机、内燃机、流体机械、制冷低温及相关技术等。毕业生就业遍布于电力公司、电力设计院、新能源企业、发电设备制造企业、环保企业、制冷和空调设备公司等，也可以在企事业单位中做研发和教学工作。

二、职业方向

【职业方向一】能源动力类企业的工程技术人员

对应专业：本学科所有专业。

职业内涵：在能源动力类领域（能源、热电厂、水电站、汽车、船舶、航空航天、农业、环境等诸多领域）从事技术研究、质量管理工作。

职业发展：能源动力类专业就业范围广、工作稳定、收入高。从就业范围来说，传统的机械、电力、冶金、化工、水利等行业需要此类专业人员为其提供动力系统升级的技术支持；航空运载火箭、宇宙飞船、电脑 CPU、海洋资源开发甚至高温气冷堆核电站都为此类专业的毕业生提供了用武之地。可见，在科技日新月异的今天和明天，对此类专业毕业生的需求会逐年增加。

【职业方向二】能源动力类科研人员

对应专业：本学科所有专业。

职业内涵：在能源动力类领域从事产品及技术开发工作。

职业发展：我国目前能源供需矛盾尖锐，利用效率低，环境污染现象严重，快速增长的能源需求对能源科技发展提出了很大的挑战，可持续发展是摆在国人面前的一项重大课题。要突破瓶颈，需要大量能源科研人才。化石能源高效洁净利用、高性能热工转换及高效节能储能、可再生资源规模化利用、电网安全稳定和经济运行、大规模核能基本技术和氢能技术，都需要基础的研究和理论的发展。未来，国家对能源动力类专业的人才需求也将会持续增长。

【职业方向三】制冷与空调企业人员

对应专业：能源与动力工程。

职业内涵：在家电公司、造船、电厂等做制冷工艺处理，或者在军工行业、研究院做低温制冷的技术研发。

职业发展：低温制冷不只体现在空调电器和冷库设计上，在各个行业的生产流程中，制冷都是必不可少的。在国防工业科技中，热声制冷、空分研究、LNG冷能利用、磁制冷、低温超导等领域，需要很多人才。而且现在空调越来越多，越来越普及，尤其是中央空调，由于其比较节能开始被大家所重视，所以此类专业就业前景非常好。

【其他职业方向】发电厂操作员、发电站及变电站电子和电气修理技术员、汽车机械技术员、发动机和其他机械装配技术员等

三、专业体验

哈尔滨工程大学能源与动力工程专业毕业生程某：

可能有好多人对我们这个专业有误解，认为能源与动力这个专业是烧锅炉的，说我们毕业后就是高级锅炉工。其实这是一种很狭隘的观点。能动专业原来叫热力发动机、热能工程、热能工程与动力机械、制冷与低温技术，从名字中可以看到其实这个专业涵盖面挺广的。这个专业主要是学习各种能量之间如何相互转化，以及如何进行有效的利用，比如：电是怎么来的，热能怎么转化成电，设备是什么样的，电脑如果没有散热处理器会怎么样，夏天如果没有空调人们将怎样生活等。各个行业都有能源与动力工程的影子。就业方面的话，如果能签五大发电集团就已经挺好了，而最好的就业方向当然是核电站。

至于专业的前景，我非常看好。在国家低碳环保的宣传和引导下，很多企业都在积极更换环保设备，这就为我们这个专业的毕业生提供了很多就业机会。我所在城市也在响应国家号召，这更让我们看到了光明和希望。

四、专家提示

从现代微机电系统科学技术的发展过程看，机械类专业与能源动力类专业有逐步合并的趋势。能源动力工业是我国国民经济与国防建设的重要基础和支柱型产业，同时也是涉及多个领域高新技术的集成产业，在国家经济建设与社会发展中一直起着极其重要的作用。关注传统技术领域的革新，紧跟新领域的发展，使能动专业成为就业面最宽的专业之一。

需要注意的是能源动力类专业对考生的脏器健康状况、视力、辨色能力等身体条件有一定的要求，考生在报考时，应该仔细阅读所报院校的招生章程，查看是否有特殊要求，以免发生疏漏。

五、院校推荐

排名	学校名称	等级	排名	学校名称	等级	排名	学校名称	等级
1	清华大学	5	15	江苏大学	4	29	河海大学	4
2	西安交通大学	5	16	大连理工大学	4	30	华南理工大学	4
3	华中科技大学	5	17	北京工业大学	4	31	南京理工大学	4
4	上海交通大学	5	18	兰州理工大学	4	32	北京理工大学	4
5	哈尔滨工业大学	5	19	东北大学	4	33	同济大学	4
6	浙江大学	5	20	吉林大学	4	34	中国石油大学(华东)	4
7	天津大学	5	21	西北工业大学	4	35	兰州交通大学	4
8	东南大学	5	22	哈尔滨工程大学	4	36	青岛科技大学	4
9	北京科技大学	5	23	中国科学技术大学	4	37	武汉理工大学	4
10	重庆大学	5	24	武汉大学	4	38	湖南大学	4
11	华北电力大学	4	25	南京航空航天大学	4	39	北京交通大学	4
12	山东大学	4	26	中南大学	4	40	南昌大学	4
13	上海理工大学	4	27	南京工业大学	4			
14	北京航空航天大学	4	28	华东理工大学	4			

电　气　类

一、学科概述

电气类专业包括：电气工程及其自动化、智能电网信息工程、光源与照明、电气工程与智能控制。

电气类专业以电能、电气设备和电气技术为基础，学习电能的转换、利用和研究。电气类专业以强电为主，弱电为辅，培养电气的系统运行、自动控制、电力电子技术、信息处理、研制开发以及电子与计算机技术应用等领域的“复合型”人才，属宽口径学科。本学科毕业生可在电网公司、发电公司、半导体照明、太阳能光伏、高等院校、科研院所及企事业单位等从事电气方面的教学、科研、工程设计、科技开发、生产运行与管理、技术支持等工作。

二、职业方向

【职业方向一】电力系统工作人员

对应专业：本学科所有专业。

职业内涵：在国家电网公司、南方电网公司以及五大发电公司及其下属公司从事研究设计、管理、调度、安全监察、输变电运检等工作。

职业发展：本职业可以说是电气类专业毕业生中最好的一类，也是很多人向往的职业。电力系统是工业上最大最复杂的系统，电力供应及控制涉及现代社会的方方面面。中国的电网非常庞大，电网特高压输电线、用户侧、电机驱动系统都属强电，电压高、电流大，这些强电系统是通过弱电（计算机、电子装置等）来控制的，目前急需解决的前沿技术是电网调度自动化技术，高效配电和供电管理信息技术和系统。所以，电力公司急需高级专业人才的加入，但同时此类职业进入的门槛也提高了不少，一般要求“211”大学毕业。

【职业方向二】电气类专业技术与科研人员

对应专业：本学科所有专业。

职业内涵：在电气公司及电气设备制造公司从事设计、研发、生产、管理、销售、售后等工作。

职业发展：电气行业是基础行业，关联到诸多领域，为其他行业提供技术支持。

目前，我国电气设备行业基础薄弱，缺乏自主知识产权，很多技术及元件靠进口而来，极大地限制了相关行业的发展。因此，我国急需此方面的高级专业人才。

【职业方向三】工程技术人员

对应专业：本学科所有专业。

职业内涵：在铁路、通信、航空航天等各个生产制造行业从事技术研究、产品开发、质量管理等工作。

职业发展：电气类专业在国民经济发展中起着至关重要的作用，是国民经济的“神经中枢”，可以说所有的制造类企业都需要电气工程类的专业人才。常见的列车、卫星、发电、炼油、包装、传送、报警系统、刷卡系统、银行系统、手机、光纤等都必须通过电气自动化才能实现，所以就业前景是非常不错的。另外，社会经济的发展对能源的需求日趋增长，因此各类电站、电厂、绿色能源、可再生能源等对人才的需求也将保持稳定增长。

【其他职业方向】电力辅助设备操作员，发电站、变电站修理技术员，电气工程师及技术员等

三、专业体验

南昌大学电气工程及其自动化专业陈某：

我们学校电气工程只有一个专业，就是电气工程及其自动化。我们到了大三才开始分专业方向（有 6 个方向：电机方向、电力系统方向、电力电子方向、高压方向、电工理论新技术方向和建筑电气方向）。我的同学中选择高压和电力系统的人相对多些。课程选择上有一定的自由度，但一定要好好学习电气工程导论这门课，这是个基础，越往后面学，你对自己专业的理解会进一步加深。作为一个在电气学院读了 3 年的学长，希望学弟学妹进校之后不要迷茫，要有个明确的目标，这样大学四年才读得有意义。

在就业方面，我是很放心的，因为就业形势很乐观。每年国家电力系统是吸纳电气类专业毕业生的大户，国家电网、五大发电集团公司（华能、国电、大唐、华电、中电投）、电力设计院都是好单位。除此之外，我的前几届师兄们也有进入石油化工、冶金、电力、电子、通信、国防、机械等别的行业的，待遇也很好。

四、专家提示

目前电气类专业毕业生的工作福利好、待遇高，造成了学生的扎堆报考，致使电气工程及其自动化专业报考分数居高不下。不同院校电气专业的特色和方向也不尽相同，在选择符合自身情况的高校的同时，考生可在填报专业志愿时选择大类填报或选择电气专业类中录取分数相对较低的专业填报。课业上要注重对数学和物理的学习。

五、院校推荐

排名	学校名称	等级	排名	学校名称	等级	排名	学校名称	等级
1	华中科技大学	5	21	东南大学	5	41	北京理工大学	4
2	清华大学	5	22	东北电力大学	5	42	上海大学	4
3	西安交通大学	5	23	福州大学	4	43	江苏大学	4
4	哈尔滨工业大学	5	24	北京交通大学	4	44	新疆大学	4
5	浙江大学	5	25	广西大学	4	45	上海电力学院	4
6	西南交通大学	5	26	大连理工大学	4	46	山东科技大学	4
7	天津大学	5	27	四川大学	4	47	郑州大学	4
8	重庆大学	5	28	南京理工大学	4	48	西安理工大学	4
9	华北电力大学	5	29	太原理工大学	4	49	南京师范大学	4
10	合肥工业大学	5	30	电子科技大学	4	50	同济大学	4
11	沈阳工业大学	5	31	河海大学	4	51	湖北工业大学	4
12	哈尔滨理工大学	5	32	中国矿业大学(徐州)	4	52	河南理工大学	4
13	河北工业大学	5	33	燕山大学	4	53	哈尔滨工程大学	4
14	西北工业大学	5	34	东北大学	4	54	上海海事大学	4
15	上海交通大学	5	35	北京航空航天大学	4	55	中国农业大学	4
16	武汉大学	5	36	中南大学	4	56	华东交通大学	4
17	山东大学	5	37	武汉理工大学	4	57	黑龙江科技大学	4
18	华南理工大学	5	38	西安电子科技大学	4	58	昆明理工大学	4
19	湖南大学	5	39	南昌大学	4	59	青岛大学	4
20	南京航空航天大学	5	40	长沙理工大学	4	60	兰州交通大学	4

电子信息类

一、学科概述

电子信息类专业包括：电子信息工程、电子科学与技术、微电子科学与工程、光电信息科学与工程、通信工程、信息工程、广播电视工程、水声工程、电子封装技术、集成电路设计与集成系统、医学信息工程、电磁场与无线技术、电波传播与天线、电子信息科学与技术、电信工程及管理、应用电子技术教育等。

电子信息类专业是以物理和数学为基础，研究信息的获取、存储、传输、检测和控制的技术科学。此专业主要研究通过电学形式表达、操控信息的基本规律，以及运用这些基本规律的方法。这是一门技术密集、发展和更新十分迅速的学科，具有很强的工程应用背景，是目前及未来世界各国重点发展的热门学科之一。本类专业培养在通信工程、电子工程、计算机网络系统、交通信息、光电信息等领域从事科学研究、工程技术开发应用及管理工作的高级人才。

二、职业方向

【职业方向一】电子产品的研发及制造人员

对应专业：本学科所有专业。

职业内涵：从事研发、生产集成电路、电子电气设备等电子产品的工作。

职业发展：中国“十一五”规划将信息产业列入重点扶植产业之一。在进入电子时代和信息社会的今天，电子信息科学技术已渗透到各个领域。电子产品涉及领域非常广，我们日常用的各种东西基本上都离不开电子产品，如电脑、数码相机、MP3、微波炉、音箱、雷达及无线导航、电子元器、通信产品、电子设计加工、广播电视设备、金融电子、数控设备、仪器仪表等。在今后相当长的一段时间内，本行业对人才的需求十分旺盛。

【职业方向二】通信设备的研发及制造人员

对应专业：通信工程、信息工程、电子信息工程、电子科学与技术、电子信息科学与技术等。

职业内涵：在通信设备公司从事科研、技术开发、经营及管理工作。

职业发展：目前中国移动已经建设了全球最大 4G 网络，并通过技术创新，对 4G

增强技术进行了充足准备，但这些还不足以应对5G所带来的挑战。在5G的通信之争中，各国已经开始加快步伐，争抢这块通信的“大蛋糕”。5G与4G、3G最明显的不同是，5G使人与人之间实现无缝连接，而且其还将进一步加强“人与物”“物与物”之间的高速连接。5G网络与4G网络相比，不仅传输速率更高，而且在传输中呈现出低时延、高可靠、低功耗的特点，能够更好地支持物联网应用。本行业高端人才将有很大的发展空间。

【职业方向三】电信运营商的从业人员

对应专业：电信工程及管理、通信工程、信息工程、电子信息工程等。

职业内涵：在电信运营行业从事技术研究、产品的开发、设备的维护、业务的经营与管理等工作。

职业发展：电信运营商是指提供固定电话、移动电话和互联网接入的通信服务公司。中国三大电信运营商分别是中国电信、中国移动、中国联通。运营商中的服务类职位进入门槛较低，因此有的地区的移动、联通等公司的人才趋近饱和。虽然每年几大运营商都会发布一个相对有规模的校园招聘计划，但通信类专业的毕业生并没有太过明显的优势。近年来网络宽带的兴起，给疲软的就业市场带来了大量的就业机会。

【职业方向四】光电技术工程师

对应专业：光电信息科学与工程、电子科学与技术、电子信息科学与技术。

职业内涵：在相关企业从事光电原产品、光仪表产品设备系统及装置等研究、开发、设计、制造、试验等工作。

职业发展：光电信息技术广泛应用于国民经济和国防建设的各行各业。近年来，随着光电信息技术产业的迅速发展，其对从业人员和人才的需求逐年增多，光电信息技术以其极快的响应速度、极宽的频宽、极大的信息容量以及极高的信息效率和分辨率推动着现代信息技术的发展，从而使光电信息产业在市场的份额逐年增加。在技术发达国家，光电信息技术相关产业的产值已占国民经济总产值的一半以上，从业人员逐年增多，竞争力也越来越强。

【其他职业方向】计算机软件应用工程师、计算机程序员、互联网开发师、通信设备安装和修理技术员等

三、专业体验

湖南大学电子信息类专业周某：

本专业就业前景喜人，我们的师兄、师姐一般都去了长三角、珠三角。电子信息类是一个工科电类专业，电子器件与其系统密不可分。一颗小小的芯片就是一个复杂的大系统，能够完成过去一堆仪器设备所不能完成的任务，比如利用电磁防护技术手

段对电磁波进行控制，在高考考场上起到了防止作弊的作用。在未来，更多精彩的应用将会登上舞台。例如最近很热门的“隐身衣”研究，未来将有可能成为现实；量子计算机，将有望打破目前电子计算机的速度极限；量子通信，即使攻击者具有无限的计算资源和任意的物理学允许的信道窃听手段，原理上仍可实现保密通信，使“窃听”成为不可能的任务……毕业生可去中国电信、中国移动、中国网通，也可去中兴、华为、大唐、富士康，以及外资企业摩托罗拉、三星、贝尔等。

最近听说，我国武汉、长春、重庆等地均在积极筹建“光谷”。科学家们预测，它将比以计算机科学闻名于世的“硅谷”更具发展潜力。可以说最尖端的研究、最炫酷的展示、最新的生活方式都离不开光电技术。世界上许多之最都是由光电技术实现的，如看得最远、速度最快、能量密度最大、精度最高、检测最灵敏等。“嫦娥”、神舟、各类尖端武器需要由光电设备作为它们的眼睛来观测、瞄准、导航；奥运会、春晚的舞台应用大量的光电技术实现艺术家的创作思想；日常生活中，一条微信就涉及手机摄像头、液晶显示、LED 照明、信号光纤传输、光信息存储等；人们用光电技术测量空气质量和大气污染（PM2.5），用光谱技术测试各种有毒、有害物质，用光电摄像头和激光雷达作为“眼睛”实现汽车的自动驾驶。

四、专家提示

在中国设电子信息类专业的院校有 500 所之多，专业内涵较宽，各高校专业的特色和定位不尽相同。专业就业方向从技术到管理无所不包。培养自己多学科的贯通能力和创新能力，精准定位自己的专业方向，才能使自己在该领域自由驰骋。电子信息类专业同时关注广播电视、现代传媒、医疗信息技术、声学及水声工程领域的发展。另外在中等职业技术学校做“双师型”教师也是不错的选择。事实上，它是一个“学到老，用到老”的专业，随着经验的累积，愈发能有所突破和创新。比如越是资深的项目主管越能快速高效地带领团队完成项目要求，越是有经验的科研工作人员越能发掘技术创新点的所在。

在本行业从事研发的人员，凭借技术出身的优势，随着年龄的增长、阅历的增加，相当一部分人越来越适合做经营管理、技术支持、技术部门的管理工作。

五、院校推荐

排名	学校名称	等级	排名	学校名称	等级	排名	学校名称	等级
1	西安电子科技大学	5	21	北京航空航天大学	5	41	武汉理工大学	4

续表

排名	学校名称	等级	排名	学校名称	等级	排名	学校名称	等级
2	电子科技大学	5	22	吉林大学	5	42	西南交通大学	4
3	北京邮电大学	5	23	中国科学技术大学	5	43	厦门大学	4
4	东南大学	5	24	南京大学	5	44	苏州大学	4
5	哈尔滨工业大学	5	25	华南理工大学	5	45	福州大学	4
6	华中科技大学	5	26	华东师范大学	5	46	东北大学	4
7	天津大学	5	27	北京工业大学	5	47	杭州电子科技大学	4
8	浙江大学	5	28	华南师范大学	5	48	安徽大学	4
9	北京理工大学	5	29	中国传媒大学	5	49	河海大学	4
10	北京大学	5	30	南京邮电大学	5	50	郑州大学	4
11	清华大学	5	31	南京航空航天大学	5	51	暨南大学	4
12	北京交通大学	5	32	中山大学	5	52	中北大学	4
13	南京理工大学	5	33	上海理工大学	5	53	云南大学	4
14	哈尔滨工程大学	5	34	武汉大学	5	54	合肥工业大学	4
15	复旦大学	5	35	大连理工大学	4	55	大连海事大学	4
16	长春理工大学	5	36	重庆大学	4	56	山西大学	4
17	南开大学	5	37	山东大学	4	57	河北大学	4
18	西安交通大学	5	38	四川大学	4	58	广东工业大学	4
19	上海交通大学	5	39	燕山大学	4	59	西安理工大学	4
20	西北工业大学	5	40	上海大学	4	60	哈尔滨理工大学	4

自动化类

一、学科概述

自动化类专业包括：自动化、轨道交通信号与控制。

自动化是利用机器自动地完成人所需要完成的工作。它以自动控制理论为基础，以电子技术、计算机信息技术、传感器与检测技术等为主要技术手段，对各种自动化装置和系统实施控制，是集控制、计算机、电气、机械为一体，理、工、文、管多学科交叉的宽口径工科专业，有靠技术吃饭的“万金油”之称。本类专业可在工业、农业、医学、航空航天、国防军工以及金融、管理、社会学等领域从事系统分析、设计、运行、科技开发及研究等方面的工作。

二、职业方向

【职业方向一】相关企事业单位工程技术人员

对应专业：本学科所有专业。

职业内涵：在机械、电气、铁路、化工等诸多领域从事工业过程控制、电气工程应用或开发工作。

职业发展：自动化技术在现实生活中可以说是无处不在，小到空调、冰箱等家用电器，大到高铁、智慧城市、航空航天工程等，各行各业中都需要大量的自动化（控制）专业人才。自动化技术广泛用于工业、农业、军事、科学研究、交通运输、商业、医疗、服务和家庭等方面。可以说，凡是有装置或设备的地方，就需要自动化。

【职业方向二】自动化软件开发及研究人员

对应专业：本学科所有专业。

职业内涵：主要从事嵌入式系统设计、嵌入式实时操作系统、DSP 技术、先进显示技术方向软件设计、研究等工作。

职业发展：自动化专业的就业领域十分宽广，从应用上来划分基本上可以分成两类。一类是服务自动化，如办公自动化、楼宇自动化、商务自动化、交通自动化等。通俗地说，日常生活中大家非常熟悉的全自动洗衣机、电脑控制的电饭煲、电脑控制的空调等家用电器都是自动化专业人才创新、研发的成果。另一类是工业自动化程序设计，其中最为突出的行业是偏向于弱电方向的现代通信设备制造业和电子信息类企业。

【职业方向三】自动化产品销售及维护人员

对应专业：本学科所有专业。

职业内涵：从事自动化类产品的销售和技术维护工作。

职业发展：企业生产出产品就需要出售以换取企业自身发展所需的资金和物资。了解产品才能更好地销售，例如全自动洗衣机是通过检测洗衣量的多少、脏的程度、衣料的质地等信息，自动决定洗涤剂用量、水位高低、洗衣强度和洗衣时间等，从而实现“智能型”的全自动洗衣。海尔公司开发了支持手机微信控制的空调、冰箱、洗衣机、热水器产品，通过手机微信来控制空调的启停、调节温度和风速等。自动化产品的销售需要大量产品售后维护人员，去保证产品的优化使用。要想使企业利益最大化，优秀的销售人员必不可少，尤其是既懂技术又具备营销能力的复合型人才将会供不应求。

【其他职业方向】工矿、通信企业安全工程师，生产调度员，铁路、航空部门系统操作员等

三、专业体验

武汉科技大学自动化专业李某：

有人认为自动化只需要学会编程就可以了，这个说法是片面的。实际上，自动化系统中的硬件电路如果没有应用软件的支撑，整个系统就只是一个空架子，无法正常工作；而没有硬件电路依托的软件就只是一个空中楼阁。因此，软件与硬件的结合是自动化专业的一个明显特点。

自动化不仅能把人类从繁重的体力劳动中解放出来，使我们的生活与工作更加方便、高效、省心、省力，而且可以完成只靠人类自身所无法完成的许多精密、复杂的工作。自动化专业的特点可以归纳为：“控（制）管（理）结合，强（电）弱（电）并重，软（件）硬（件）兼施。”它控制和反馈的思想遍及生物、工程、经济等各方面。自动化涉及电子工程、计算机、机电工程、网络、通信等众多领域，所以它的专业覆盖面十分广泛，甚至连化学工程、力学、管理学等知识也要适当学习。几乎所有专业都能与自动化挂钩，而且它与现代化工业、农业、国防、民生息息相关。因此，就业面广，未来的发展空间较大。目前国家亟待解决的技术有电网调度自动化技术，基于生态工业概念的系统集成和自动化技术，流程工业需要的传感器、智能化检测测控技术等。

就业领域包括技术研发公司、科研院所、设计单位、通信系统、钢铁企业、工矿企业、铁道、化工、航空、海关、税务、工商、外贸、大专院校及政府和科技部门等。

四、专家提示

从"无人工厂"到智能机器人，从嫦娥三号到智能家居……自动化技术在人类生活的各个领域创造了一个又一个文明，影响着人类的生产生活方式。随着自动化产品的不断普及，智能家居、智能楼宇、智能交通层出不穷，社会对这一专业人才的需求不断增加，就业前景更为广阔。

五、院校推荐

排名	学校名称	等级	排名	学校名称	等级	排名	学校名称	等级
1	清华大学	5	21	北京科技大学	4	41	西安电子科技大学	4
2	浙江大学	5	22	哈尔滨工程大学	4	42	哈尔滨理工大学	4
3	东北大学	5	23	北京化工大学	4	43	北方工业大学	4
4	西安交通大学	5	24	华南理工大学	4	44	大连理工大学	4
5	华中科技大学	5	25	电子科技大学	4	45	郑州大学	4
6	北京航空航天大学	5	26	江南大学	4	46	东北电力大学	4
7	哈尔滨工业大学	5	27	燕山大学	4	47	东北石油大学	4
8	上海交通大学	5	28	西南交通大学	4	48	吉林大学	4
9	南京航空航天大学	5	29	天津大学	4	49	西南科技大学	4
10	中国科学技术大学	5	30	南京理工大学	4	50	上海大学	4
11	东南大学	5	31	兰州理工大学	4	51	南开大学	4
12	西北工业大学	5	32	杭州电子科技大学	4	52	武汉大学	4
13	北京理工大学	5	33	北京工业大学	4	53	厦门大学	4
14	山东大学	5	34	广东工业大学	4	54	武汉科技大学	4
15	西安理工大学	5	35	北京邮电大学	4	55	浙江工业大学	4
16	中南大学	5	36	山东科技大学	4	56	中国石油大学(华东)	4
17	华东理工大学	5	37	江苏大学	4	57	中北大学	4
18	湖南大学	5	38	华北电力大学	4	58	兰州交通大学	4
19	同济大学	4	39	东华大学	4	59	武汉理工大学	4
20	北京交通大学	4	40	重庆大学	4	60	昆明理工大学	4

计算机类

一、学科概述

计算机类专业包括：计算机科学与技术、软件工程、网络工程、信息安全、物联网工程、数字媒体技术、智能科学与技术、空间信息与数字技术、电子与计算机工程。

计算机类专业，主要研究如何更好地设计、制造计算机，更好地开发计算机的新系统、新软件、新功能等。随着半导体、光学仪器、自动控制、精密机械、通信、无线电等专业先后加入计算机研究领域，它的应用范围更加广阔，从电脑办公、聊天娱乐、网上购物到“阿里云”技术和全面创新的“互联网+”，从成为IT行业创新重要生长点的智能技术到使“数字地球”的概念得以落到实处的空间信息与数字技术的应用，都离不开计算机技术。这使该学科领域的毕业生在各行各业都能大显身手。

二、职业方向

【职业方向一】IT产品硬件的研发、生产技术人员

对应专业：计算机科学与技术、智能科学与技术、空间信息与数字技术、电子与计算机工程。

职业内涵：从事计算机或信息技术产品研究、开发及生产工作。

职业发展：计算机的应用扩展到社会的各个领域，已形成了规模巨大的计算机产业，带动了全球范围的技术进步，由此引发了深刻的社会变革。在IT类企业中，该类专业毕业生的就业岗位主要有三类：一、管理类，如项目经理、软件架构师、硬件架构师等；二、研发类，如硬件工程师、系统开发员等；三、测试类，如硬件测试工程师、系统测试工程师等。此外，还可以在政府、科研单位及其他非IT类企业中，如经贸、金融、邮电、电子、交通等行业，从事软硬件的配备、网络安全、系统维护、网站开发等工作。

【职业方向二】计算机软件开发及研究人员

对应专业：网络工程、软件工程、计算机科学与技术、智能科学与技术、空间信息与数字技术、物联网工程。

职业内涵：从事计算机应用软件及网络技术的研究、设计、制造、运营、开发及系统维护和教学、科研等工作。或者进入对IT技术依赖度很高的金融、电信等行业的

IT 部门，从事这些行业的业务软件的开发、测试、维护等相关工作。

职业发展：在中国十大 IT 职场人气职位中，软件工程师位列第一位。软件工程人才缺口很大，薪金不菲。本专业的毕业生具有很强的适应能力和广泛的工作适应性，专业就业面宽、工程实践能力强，能在空间信息产业、信息网络、数字媒体、电子娱乐、电子政务、电子商务及在工业、教育、医疗、管理、国防、国土、测绘、环保、水利、气象、农业、民政等领域从事软件技术开发、信息处理等工作；也可在各级政府的信息化主管部门、企事业单位的信息中心从事规划、管理和技术服务等工作。

【职业方向三】以计算机为工具的设计人员

对应专业：数字媒体技术、计算机科学与技术。

职业内涵：以计算机作为主要工具从事艺术设计或工具研究的专业人员。

职业发展：在物质生活日益丰富的今天，人们越来越注重精神生活的追求，因此文化产业方兴未艾。计算机同艺术类专业结合，产生了不少新专业，如电脑美术设计、网页设计、影视动画设计、环境艺术设计、数字媒体等。这些专业的学生毕业后可在设计部门、广告公司、装潢公司、网络公司、软件公司、动画公司等从事美术设计策划与制作、电脑绘画、动画制作、网页设计等工作。目前，通过现代计算和通信手段，综合处理文字、声音、图形、图像等信息的数字媒体技术产业发展迅猛，因此对这些以计算机为工具的艺术设计类人才的需求将保持长期增长的态势。

【职业方向四】网络及信息安全工程师

对应专业：网络工程、信息安全、物联网工程、数字媒体技术、计算机科学与技术。

职业内涵：在国家机关、科研机构、学校、工厂等企事业单位从事计算机应用软件及网络技术的研究、设计、制造、运营、开发及信息安全工作。

职业发展：随着计算机的远程信息化处理应用的高速发展和广泛应用，网络已成为经济发展的强大动力。网络工程技术作为信息技术界关注的热门技术之一，得到了广泛应用。网络工程师正是这一学科的主宰力量。随着信息技术的不断发展，信息安全问题也日显突出。本类专业是最高薪的职业之一，有着良好的发展前景。

【其他职业方向】计算机程序员、互联网开发师、网络设计师、软件质量鉴定及检验工程师等

三、专业体验

湖南大学计算机科学与技术专业刘某：

许多人认为学习计算机是学习修电脑、做网页，但事实并非如此。会用计算机这一工具是学好计算机专业的基础，解决社会生活中的实际问题才是这个专业的核心。

事实上，它是一个“学到老，用到老”的专业，随着经验的累积，参与计算机工作将愈发能有所突破和创新。比如越是资深的项目主管越能快速高效地带领团队完成项目要求，越是有经验的科研工作人员越能发掘技术创新点。

计算机科学与技术作为新兴前沿学科，有着足以改变生活、改变世界的活力，这也是吸引我选择计算机专业的主要原因。计算机科学与技术最大的特点就是无所不在的“创新性”。几年前我们都无法想象会有智能手机、平板电脑等便利我们生活的电子产品的出现；几年前我们也无法想象我们可以自己动手制作计算机、自己组建团队开发网络 APP。兴趣是最好的老师，计算机科学与技术给予了我们尽可能多的创新机会，“只有想不到，没有做不到”。

信息化时代，计算机技术和理、工、农、医、文等多领域交叉，渗透到社会的各行各业中。如今，从互联网技术到多样计算机设计、智能手机应用、智能机器人开发（“智能＋”），甚至是环境分析、金融数据分析预测、医学仪器设计和图像分析等，都需要大量的计算机专业人才。

四、专家提示

计算机类专业开设学校众多，层次不同，专业方向不一。有的侧重于软件，有的侧重于硬件，有的侧重于计算机网络，有的在信息安全方面颇具特色，方向的选择直接影响未来的就业。你甚至无法想象下一秒计算机创新技术会给世界带来怎样的变化。为适应这种充满挑战的“创新性”，学生既要有创新思维，又要脚踏实地，能靠着锲而不舍的精神让创新技术生根、发芽。要规划好自己的大学学业规划，认清学计算机的人很多，但是人才不多，特别是高级人才不多。向高端发展，才能掌握就业的主动权。

五、院校推荐

排名	学校名称	等级	排名	学校名称	等级	排名	学校名称	等级
1	清华大学	5	21	北京交通大学	5	41	西北大学	4
2	上海交通大学	5	22	西安交通大学	5	42	天津大学	4
3	哈尔滨工业大学	5	23	复旦大学	5	43	重庆邮电大学	4
4	北京航空航天大学	5	24	南京理工大学	5	44	武汉理工大学	4
5	华中科技大学	5	25	北京理工大学	5	45	苏州大学	4
6	浙江大学	5	26	北京工业大学	5	46	北京科技大学	4
7	武汉大学	5	27	华南理工大学	5	47	郑州大学	4

续表

排名	学校名称	等级	排名	学校名称	等级	排名	学校名称	等级
8	南京大学	5	28	中南大学	5	48	杭州电子科技大学	4
9	北京大学	5	29	山东大学	5	49	南京邮电大学	4
10	东南大学	5	30	大连理工大学	5	50	河海大学	4
11	东北大学	5	31	中山大学	5	51	江南大学	4
12	吉林大学	5	32	湖南大学	5	52	成都信息工程学院	4
13	西北工业大学	5	33	哈尔滨工程大学	5	53	燕山大学	4
14	中国科学技术大学	5	34	南京航空航天大学	5	54	南昌大学	4
15	电子科技大学	5	35	安徽大学	5	55	福州大学	4
16	重庆大学	5	36	合肥工业大学	5	56	贵州大学	4
17	四川大学	5	37	厦门大学	5	57	大连海事大学	4
18	西安电子科技大学	5	38	华东师范大学	5	58	哈尔滨理工大学	4
19	北京邮电大学	5	39	南开大学	5	59	云南大学	4
20	同济大学	5	40	西南交通大学	5	60	桂林电子科技大学	4

土 木 类

一、学科概述

土木类专业包括：土木工程、建筑环境与能源应用工程、给排水科学与工程、建筑电气与智能化、城市地下空间工程、道路桥梁与渡河工程。

土木类专业旨在培养掌握扎实的数学和力学知识，具备从事土木类工作的各项能力，如项目规划、工程设计、研究开发、施工及管理能力，较高的外语水平和熟练的计算机应用能力，能在工业与民用建筑、隧道、桥梁、地下工程、铁路、公路、城市轨道交通等领域从事规划、设计、施工、监理、评价、勘察与测试的高级工程技术人才。本类专业就业面宽，可在建筑、交通、国防、水利水电、矿业、环保等部门工作。

二、职业方向

【职业方向一】建筑领域的工程技术人员

对应专业：本学科所有专业。

职业内涵：主要从事房屋建筑、隧道和地下建筑、公路与城市道路、桥梁、市政工程等方面的设计、施工、管理、研究和开发等工作。

职业发展：我国已进入快速城镇化时期，城镇居民住房增加、工作环境改善、城市交通设施建设完善等，为建筑业的发展带来了巨大的市场，极大地促进了本行业的发展。发展城市生态人居环境和绿色建筑是当今的趋势，开发城市居住区和室内环境改善技术，显著提高城市环境质量是建筑发展方向。城市地下空间开发利用技术、生态居住区智能化管理技术也越来越成为建筑行业就业新的增长点。建筑设施是人类居住、使用等生存发展的基本需求之一，因此社会经济对此类人才的需求将长期保持稳定增长的态势。

【职业方向二】建筑领域的工程管理人员

对应专业：本学科所有专业。

职业内涵：从事建筑企业管理、项目管理、工程经济分析、施工组织与管理、房地产开发与经营、建设监理等工作。

职业发展：中央和地方政府每年都巨额投资于基本建设，如高速铁路、高速公路、城市轨道交通、超高层建筑等重大工程。大型基建工程越来越多，高效、节约、协调的工程管理成为项目成功的关键。大到整个工程的实施，小到班组任务的完成都离不开工程管理工作。因此，土木工程行业有着非常好的就业前景。

【职业方向三】建筑领域的研究开发、工程咨询人员

对应专业：本学科所有专业。

职业内涵：受投资集团的聘用或委派，从事工程咨询，并在大型工程建设领域从事监督及质量控制等方面的工作。

职业发展：据统计，我国每年以土木水利工程为主的基础设施建设规模已经超过世界上其他所有国家的总和。“科学家是发现已有的世界，工程师是创造未知的世界。”土木工程师的使命就是创造各种各样适合人们居住以及人类可持续发展的工程结构物。高速公路的建设、机场建设、蓄水发电的大坝建设等都引入了大量社会资本，这些金融投资公司需要大量的土木工程类专家提供咨询建议，去监管自己的投资项目。

【其他职业方向】建筑绘图员、测量师、管道系统技术员、水管技术员等

三、专业体验

西南交通大学土木工程类专业关某：

土木工程师为我们提供了生活、工作、学习的空间。到现在为止，我仍然觉得土木工程专业是一个不错的专业。建筑施工很注重实践，所以从事这项工作的人必须责任心强，能吃苦耐劳。

大一大二时期主要是学公共课，如土木工程材料、理论力学、材料力学、画法几何（建筑制图）、计算机画图（CAD）。公共课都不难，有难度的主要是高数、力学。大三就是专业课了，主要是力学、房屋建筑、施工之类的。当然，一定要实习，这个很重要。

土木工程专业毕业生的就业方向算是比较广泛的，除了监理或者质检，女生一般选择在设计院工作。有人说我们这个专业是搬砖专业，这是误解。虽然土木工程专业毕业生确实比较辛苦，但从事的还是技术性的工作。目前，中国城镇化进程仍在不断向前推进，城镇化率必然会持续提高，随之而来的将是未来几十年我国对土木工程领域人才的需求。因此，土木工程专业无论“前途”还是“钱途”都非常可观，职业发展潜力巨大。

四、专家提示

随着“一带一路”的逐步落实、国家基础建设的逐步完善、城镇化建设的加快推进、智能楼宇的概念的实施，土木类专业成为就业覆盖面广、工作技术含量高、对口就业率最高的专业之一，有着非常美好的就业前景。另外，与很多实践性强的专业一

样，土木类专业毕业生在就业过程中，想要为自己增加砝码，就需要考取各种从业证书，“持证上岗”是增加收入的必要条件。

五、院校推荐

排名	学校名称	等级	排名	学校名称	等级	排名	学校名称	等级
1	同济大学	5	21	华中科技大学	5	41	重庆交通大学	4
2	哈尔滨工业大学	5	22	广西大学	5	42	石家庄铁道大学	4
3	东南大学	5	23	山东大学	5	43	西安理工大学	4
4	清华大学	5	24	长沙理工大学	4	44	华侨大学	4
5	中南大学	5	25	武汉大学	4	45	河北工业大学	4
6	湖南大学	5	26	福州大学	4	46	吉林建筑大学	4
7	天津大学	5	27	郑州大学	4	47	山东建筑大学	4
8	西安建筑科技大学	5	28	北京科技大学	4	48	辽宁工程技术大学	4
9	重庆大学	5	29	兰州交通大学	4	49	华东交通大学	4
10	河海大学	5	30	西安科技大学	4	50	天津城建大学	4
11	北京工业大学	5	31	太原理工大学	4	51	山东科技大学	4
12	长安大学	5	32	华南理工大学	4	52	扬州大学	4
13	浙江大学	5	33	青岛理工大学	4	53	成都理工大学	4
14	大连理工大学	5	34	上海交通大学	4	54	西安交通大学	4
15	四川大学	5	35	东北大学	4	55	南京航空航天大学	4
16	西南交通大学	5	36	兰州理工大学	4	56	昆明理工大学	4
17	合肥工业大学	5	37	广州大学	4	57	安徽建筑大学	4
18	武汉理工大学	5	38	北京建筑大学	4	58	华北水利水电大学	4
19	南京工业大学	5	39	沈阳建筑大学	4	59	汕头大学	4
20	北京交通大学	5	40	广东工业大学	4	60	安徽理工大学	4

水 利 类

一、学科概述

水利类专业包括：水利水电工程、水文与水资源工程、港口航道与海岸工程、水务工程。

水利类专业就是培养学生具有水工程、水资源、水生态、水环境、水灾害、水管理及水经济等水科学与水利工程技术的综合知识和能力，毕业后能够从事高坝大结构、地下空间利用、城市水利水务、港口海岸及近海工程、水利工程信息化等多方面的科学研究、规划、设计、施工、教学及管理工作的人才。本类专业就业面比较宽，毕业生遍布水利、水电、环境、市政、金融、能源、交通、海洋、政府机关和公共管理等众多行业与部门。

二、职业方向

【职业方向一】水利水电相关企事业单位工程技术人员

对应专业：本学科所有专业。

职业内涵：在水利水电建设工地、港务、航道工程管理部门从事技术研究与管理、质量控制等方面的工作。

职业发展：近年来，随着我国对环境保护力度的逐步加大和对清洁能源开发和利用的重视，国家陆续开工了一系列大型水利水电工程建设，并且随着电力需求的不断增长，我国水电开发的规模还将扩大。这都会为本专业的人才提供十分旺盛的市场需求。本专业毕业生可在土木建筑、交通和市政工程及其他行业从事相关工作，如水电投资单位、水电设计单位、工程监理单位、工程施工单位等。人们过去对水利行业存在误解，认为水利行业是艰苦行业，这一错误认识造成现在水利行业的高端人才需求远高于其他行业。

【职业方向二】水利工程建设相关工程咨询、工程监理人员

对应专业：本学科所有专业。

职业内涵：从事工程咨询，在水利工程建设工地进行监督及质量控制等方面的工作。

职业发展：水利类工程有投资规模大、建设周期长的特点，关系到国家战略和经

济民生。工程咨询、工程监理人员在面对不同水利工程问题时，不仅需要具有解决实际问题的能力，还要具备全局和可持续发展的眼光，以及综合运用工程与非工程技术的能力与协调合作的能力。近年来，随着大量的社会资本进入水利领域，这些资本投资机构需要大量水利类人才参与工程建设，并进行市场化运作，以提高大型工程的建设与使用效率。

【职业方向三】水环境监测及水环境保护等方面的人员

对应专业：本学科所有专业。

职业内涵：在政府水利部门、环境保护部门等从事对水环境监测和保护工作。

职业发展：我国是水资源大国，有着丰富的水能、水利资源；同时也是水资源小国，一方面水资源分布很不平衡，另一方面人均水资源相当有限。因此如何充分利用水资源是一个非常重大的研究课题。国民经济对本专业人才的需求在相当长一段时间内将保持稳定增长。随着城市用水和工业用水的日益增加，水利工程在解决我国国民经济可持续发展所面临的水危机问题中将会发挥越来越重要的作用。目前国家对水利建设十分重视，不断加大投资力度，同时政府职能部门对水资源的监管利用越来越重视。诸如水资源短缺对策、水资源持续利用、水资源合理配置、水灾害防治以及水污染治理、水生态环境功能恢复及保护等已成为目前亟待研究和解决的问题。

【其他职业方向】自来水公司技术员、城市人防工程设计师、城市河道景观设计人员及水务部门公务员等

三、专业体验

西南大学水文与水资源专业常某：

不同学校的水利类专业侧重点不同：有侧重地下水的，如吉林大学、中国地质大学；也有侧重地表水的，如武汉大学、河海大学。总的来说，男生学水利类还是比较好找工作的。

社会上有不少人对过去靠人海战术、住工棚的水利建设印象深刻，认为水利是冷门的艰苦专业。其实这完全是一种误解。如今的水利设计、科研和施工管理人员，其工作条件与其他白领阶层无异，平时工作、生活于大城市，不需长驻工地，况且工地的工作生活条件也不差。政府部门中的水利部、厅、局等单位，以及水利流域机构、水利水能开发集团、设计院所等单位，都需要大量的水利类人才。而且正因为被有些人归入冷门专业，所以水利专业的优秀人才比例相对较低。这就为其中优秀人才的脱颖而出提供了更好的条件。水利工作者更是拥有饱览祖国大好河山的便利条件。

四、专家提示

水能是清洁可再生能源，我国的水电资源丰富，总量居世界第一。我国水电发展的技术水平已达到世界先进水平，但我国目前的水电开发程度还比较低，正处在方兴未艾的发展阶段。在传统水利向现代水利过渡的形势下，应用计算机技术、现代通信技术、遥感技术、全球定位系统及自动化等技术，对传统水利行业进行全面技术提升和改造的同时，还拓展了近海及港口工程、地下工程等新的研究领域。这些都为水利人才提供了新的发展空间。

五、院校推荐

排名	学校名称	等级	排名	学校名称	等级	排名	学校名称	等级
1	武汉大学	5	8	华中科技大学	4	15	西北农林科技大学	4
2	河海大学	5	9	南京大学	4	16	中国海洋大学	4
3	清华大学	5	10	哈尔滨工程大学	4	17	华北电力大学	4
4	天津大学	5	11	扬州大学	4	18	三峡大学	4
5	西安理工大学	5	12	郑州大学	4	19	重庆交通大学	4
6	四川大学	4	13	浙江大学	4	20	中国地质大学(武汉)	4
7	大连理工大学	4	14	长安大学	4			

测 绘 类

一、学科概述

测绘类专业包括：测绘工程、遥感科学与技术、导航工程、地理国情监测。

测绘简单地说就是测量与绘图，培养具备空间定位、信息科学和计算机科学等方面的基本理论与技术知识，运用地面与卫星测量、摄影测量、地理信息工程等方面技术，能在国民经济各部门从事基础测绘、城市和工程建设测绘、国土资源调查、运载工具导航、地理信息系统的开发与应用、遥感技术应用、环境保护与灾害预防及地球动力学等领域的管理和高级工程技术人才。毕业生可以在城市规划、交通管理、农林、海洋、资源、环境、遥感信息技术及国防领域的公司、科研院所及生产、经营单位从事相关工作。

二、职业方向

【职业方向一】测绘类工程技术人员

对应专业：本学科所有专业。

职业内涵：在交通、建筑、城市建设、国土资源、海洋、航空航天、航海、测绘、卫星定位与导航等单位从事技术与管理工作。

职业发展：房地产业逐渐达到高峰期，高速公路、高速铁路、桥梁水利蓬勃发展。繁华城市中密集高楼的安全性如何监测？特大桥梁、重大线性工程（高铁、地铁）的安全性如何保证？北斗二代卫星导航系统如何工作？在拥堵的城市如何对出租车、物流车辆、运钞车辆等实现精密导航与实时监控？国家授时中心如何统一全国的时间基准？载人航天如何进行安全测控？月球的地表是什么样子？这些领域都需要测绘类工程技术人员。由于历史原因测绘人才出现断层，人才缺口非常大，甚至出现了“一家女百家求”的就业局面。此类专业就业情况非常乐观。

【职业方向二】测绘类专业的科研人员

对应专业：本学科所有专业。

职业内涵：在相关部门（测绘、航天、气象、军事、基本建设等）或普通高校从事测绘、遥感、空间信息研究与技术开发工作。

职业发展：全球卫星导航系统 GPS 的出现给测绘工程带来了革命性的变革，使得测绘工程由传统的地面测绘转向空间的卫星测绘，极大地拓展了测绘工程的研究与应用领域，是国家基础建设以及信息化建设中的重要支撑技术。测绘工程专业中的卫星测绘技术也已成为继计算机互联网、手机移动通信后的第三大信息产业。《国家中长期科学技术发展规划纲要》确定了16个重大专项，其中新一代卫星导航系统（“北斗”）、高分辨率对地观测系统、载人航天与探月工程这三项与测绘工程专业紧密相关，极大地提升了本专业的发展空间和研究领域。相关领域对此类人才的需求将不断增加。

【职业方向三】测绘信息与制图技术人员

对应专业：本学科所有专业。

职业内涵：在相关领域从事地图的呈现及地图的生产和印制工作。

职业发展：与日常生活关系密切的电子地图只是地理信息系统数据的表现形式，它还包括形成电子地图的数据采集、处理、制图以及基于电子地图载体的信息检索与分析。人们对导航、地图定位、热点搜索不断提出高、新要求，为呈现测绘信息的制图人才提供了很好的就业舞台。

【其他职业方向】城市及区域规划人员、测量技术员、地图编辑等

三、专业体验

重庆交通大学测绘工程专业谢某：

女生学测绘，个人的建议是学地理信息系统、遥感这些方向。这些方向不光就业相当好，还不用野外作业。实力强的学校肯定容易就业一些，如果上的是一般学校可以选择考研。除了地理信息系统还可以学国土资源管理等与土地相关的学科。只要你专业知识扎实、技术过硬，“上天可揽月，下海擒蛟龙”，各行各业都有你施展身手的舞台。

随着科学技术的飞速发展，空间测量、摄影测量、遥感测量等高科技技术应用在测绘领域，传统的测绘工程早已实现了华丽的转身，发生了翻天覆地的变化，成为当今世界最具发展前途的三大高新技术（信息技术、生物技术和新材料）之一。

现代测绘和地理信息科学、遥感科学与技术是分不开的。它们可以用“3S”代表：GPS——测绘；GRS——地理信息科学；RS——遥感科学与技术。如果没有大地测量中的GPS测量，我们汽车上的导航仪、手机上的导航软件就都“不认路”了；通过在飞机或人造卫星上安装照相机，使RS发挥作用；打开时下比较流行的APP（微信、淘宝、人人、快的打车等），都会请求GRS提供帮助。观测PM2.5、防灾减灾、资源普查、天气预测、海洋资讯、考古研究、农作物生产预测、军事等领域出现了毕业生少、就业率高的局面。

四、专家提示

测绘类专业是一门专业性很强的工学专业，需要学生具有较强的数学能力、空间能力、动手能力和较好的方位感。

未来我们国家将建设智慧城市、数字地球，其中有很大一部分工作和测绘行业息息相关。随着信息革命的深入，人们迫切需要以更为方便、快捷、准确、实时的方式获取全球信息，“3S”将充分发展，真正实现“所见即所得”的地理信息系统管理模式。这会极大地方便人们的应用，也必将推动测绘工程产业化的进程，使它成为一个高技术、高收入的职业。

五、院校推荐

排名	学校名称	等级	排名	学校名称	等级	排名	学校名称	等级
1	武汉大学	5	9	河南理工大学	4	17	重庆大学	4
2	同济大学	5	10	辽宁工程技术大学	4	18	合肥工业大学	4
3	中南大学	5	11	中国地质大学(武汉)	4	19	太原理工大学	4
4	西南交通大学	5	12	西安科技大学	4	20	南京师范大学	4
5	长安大学	5	13	东南大学	4	21	贵州大学	4
6	河海大学	5	14	北京航空航天大学	4	22	哈尔滨工业大学	4
7	中国矿业大学(徐州)	4	15	东北大学	4	23	东华理工大学	4
8	山东科技大学	4	16	吉林大学	4			

化工与制药类

一、学科概述

化工与制药类专业包括：化学工程与工艺、制药工程、资源循环科学与工程、化学工程与工业生物工程、能源化学工程。

化工与制药类专业是研究化学工业生产过程中的共同规律，并用化学方法改变物质组成或性质来生产化学产品的一门工程学科。简单来说，也就是化学在工程实际中的应用。化工是工业经济中最具活力、有待开发，且竞争力极强的一个行业。毕业生能在化工、能源、信息、材料、环保、生物工程、轻工、制药、食品、冶金和军工等部门从事工程设计、技术开发、生产技术管理和科学研究等方面的工作。

二、职业方向

【职业方向一】化工制药类企业的产品生产技术人员

对应专业：本学科所有专业。

职业内涵：在石油化工、能源化工、水利电力或制药公司从事产品开发或技术研究工作。

职业发展：化工行业是个讲究经验和积累的行业，技术和经验是技术型人才的资本。随着社会经济的发展，化工与制药成为当前国民经济和社会生活领域中最活跃、与人民生活息息相关的热点行业和高新技术产业之一。作为产品生产研发人员，必然有着广阔的个人发展前景。人类对药物的依赖使制药产业成为名副其实的朝阳行业。清洁生产、低碳经济、节能减排、可持续发展和绿色环境，均有待更为完善的化工技术来实现。化工行业有很多知名的企业大鳄如美孚、壳牌、巴斯夫、中石油、中石化等，都需要理论和实践充分结合的综合素质人才。

【职业方向二】化工产品销售工程师或营销总监

对应专业：本学科所有专业。

职业内涵：在石油化工、能源化工、水利电力或制药公司从事产品销售工作。

职业发展：化工与制药涉及化工、炼油、生物、资源、能源、医药、冶金、食品等行业，成千上万种产品需要具备专业知识的销售人员去开拓市场。化工贸易、管理人才一般要求是化工专业出身，熟知贸易规则和单位业务，具有耐心和较强的语言表达能力。此专业与人们生活息息相关，未来将有较大的人才需求，该专业复合型销售和管理人才也为市场所青睐。

【职业方向三】化工制药的科研人员

对应专业：本学科所有专业。

职业内涵：从事科学研究，新产品、新工艺和新技术开发工作。

职业发展：更为完善的化工技术，才能实现清洁生产、低碳经济、节能减排、可持续绿色发展的目标。比方说，手机用什么材料做既精巧又灵敏？怎么通过除尘技术来减少 PM2.5？这些问题都需要化工方面的科技人员来解决。和我们日常生活息息相关的“药物”，从来源看可以分为天然药物、合成药物和生物药物。提高药物的疗效、降低毒副作用，攻克各种疑难病症都要求科研人员不断推出新药。

【其他职业方向】环保测评工程师、化学工程师、化工厂系统操作员、文职人员等

三、专业体验

四川大学化工学院李某：

大学期间，同学们可以学到一些很有意思的知识，比如：洗发水怎么配比，肥皂、洗涤剂生产工艺怎样最合理，怎样制作擦脸油、雪花膏，等等。

目前的化工行业比较宽泛，公司众多，每年都有大批化工类毕业生加入到就业大军中，而职场的实际表现是怎么样的呢？化工人才确实很缺乏！不信你就看看相关的化工人才网就知道了。化工专业毕业生要找到一份工作并不难，但找什么样的工作就因人而异了。职场缺乏的是对特定行业有一定深入了解、专业特色鲜明的人。大学专业方向的选择可能直接影响未来的就业，考生在考虑院校时，最好对学校特色和专业方向有所了解，看准目标后，再选择符合自身情况的学校和专业。

化工就业，城市选择也很重要。先说说化工产业的分布，长江以北化工产业基本是大型的传统化工企业，中小型化工企业主要集中于长三角和珠三角。所以，单从机会角度来考虑，后两个地区机会要多。长三角化工，主要集中于南京、上海，以及苏、锡、常地区。如果认为自己有两把刷子，不妨到上海、南京看看；自信心不足的，不妨到苏、锡、常及其下面的县级市看看，肯定能谋到一个化工职位。比较来说，南方整体产业还是比较成熟的。如果要创业，最好还是选择去南方。任何行业，贵在坚持，当然化工行业也不例外！

四、专家提示

中科院院士陈洪渊就曾经评价化工产业为“国之重器”，能创造出数千万个“新物种”。能源是国民经济发展的立足之本，能源转化是国家安全的战略需求。资源循环利

用、能源化工以及循环经济等领域是国家战略性新兴产业，也是化工业新的增长点。化工与制药类专业的特点是专业性很强，如果你具有较强的理工科基础和动手能力，在实验中细心谨慎、具有想象力、善于分析实验结果则更容易脱颖而出。

五、院校推荐

排名	学校名称	等级	排名	学校名称	等级	排名	学校名称	等级
1	华东理工大学	5	21	东南大学	5	41	山东大学	4
2	北京化工大学	5	22	中国石油大学(北京)	4	42	陕西科技大学	4
3	天津大学	5	23	广西大学	4	43	常州大学	4
4	南京工业大学	5	24	上海交通大学	4	44	西南石油大学	4
5	大连理工大学	5	25	湖南大学	4	45	中山大学	4
6	浙江大学	5	26	中国石油大学(华东)	4	46	沈阳化工大学	4
7	华南理工大学	5	27	武汉科技大学	4	47	天津工业大学	5
8	四川大学	5	28	河北工业大学	5	48	河北科技大学	4
9	太原理工大学	5	29	重庆大学	4	49	辽宁石油化工大学	4
10	江南大学	5	30	湘潭大学	4	50	湖南师范大学	4
11	清华大学	5	31	昆明理工大学	4	51	东北石油大学	4
12	中南大学	5	32	长春工业大学	4	52	福州大学	4
13	青岛科技大学	5	33	内蒙古工业大学	4	53	贵州大学	4
14	南京理工大学	5	34	合肥工业大学	4	54	哈尔滨工业大学	4
15	郑州大学	5	35	济南大学	4	55	江苏大学	4
16	西安交通大学	5	36	武汉工程大学	4	56	海南大学	4
17	西北大学	5	37	武汉理工大学	4	57	华中科技大学	4
18	广东工业大学	5	38	中北大学	4	58	浙江工业大学	4
19	北京理工大学	5	39	燕山大学	4	59	烟台大学	4
20	厦门大学	5	40	新疆大学	4	60	兰州大学	4

地　质　类

一、学科概述

地质类专业包括：地质工程、勘查技术与工程、资源勘查工程、地下水科学与工程。

地质类专业要求学生掌握数学、力学、地质学等方面的基本理论和基本知识，旨在培养在城镇建设、土木水利、交通市政、国土防灾、地质调查、水文地质等领域运用现代科技手段从事各类资源、环境及工程勘察与评价、管理等方面的复合型高级人才。毕业生适于在国土资源规划、城建、交通、水利、电力、石油、环保、矿业、农业、灾害、海洋开发以及国民经济其他相关领域从事本专业工程技术工作，或在高等院校和科研院所从事教学和科学研究工作。

二、职业方向

【职业方向一】建设项目中的工程技术人员

对应专业：本学科所有专业。

职业内涵：在大型建设工程（道路、桥梁、水利工程、涵洞建设及矿山开采等）中从事地质勘探勘察、设计及技术管理等工作。

职业发展：现代城市日益庞大，开辟地下空间是我们发展现代城市的必然趋势。为了开辟地下空间，我们建设了大量地下商场、地下停车场、地下厂房、地下铁路。这些工程在开挖之前就得清楚开挖对象是什么，如何保证开挖过程中周围不会坍塌，如何保证水不会灌进来，地下工程如何保证地面建筑的安全。路要修得直，就得遇水架桥、遇山开洞；路要修得平，就得有稳固的地基、坚实的路面。上海地铁穿梭于黄浦江下面，日本的新干线通过海底隧道将四大岛连为一体，英吉利海底隧道是连接英、法的纽带。随着国家经济实力的增强，我国将会逐步建设一大批大型工程，比如高铁、南水北调、大型水电站、矿山开采等，这些复杂而浩大的工程，需要大量的地质学方面的工程技术人员。

【职业方向二】资源类企业中的工程技术人员

对应专业：本学科所有专业。

职业内涵：在资源勘探类企业中从事开采、加工技术开发、研究与管理等工作。

职业发展：社会经济的发展对能源、资源的需要越来越强烈，而这类企业一般都属于国家大型垄断企业，实力雄厚，而且待遇也相当优厚。这些企业一般分成三类：第一类是资源类型，如石油、天然气、页岩气、煤层、地下水、金矿、铜矿、铁矿等；第二类是勘察类型，如工程领域的地基勘察、地裂缝探测及断层勘查、城市地下管线探测等；第三类是环境灾害探测类型，如滑坡、地下污染（有机、无机）、泥石流等。此专业的毕业生可以根据自己的兴趣加入其中某一类企业。逻辑思维能力及动手能力强，又具有一定的数理基础的学生，会成为这一领域的佼佼者。

【职业方向三】地质勘探队

对应专业：本学科所有专业。

职业内涵：从事地质勘探工作。

职业发展：一般要到野外进行实地勘察。野外工作时间一般在每年的 6—9 月，其他时间也会根据需要灵活安排。地质勘探室内工作的主要任务是岩矿鉴定、测试分析、地质绘图、计算机处理等。随着社会经济的发展，国家对资源能源的需求越来越强烈，除了外购，也必须立足于自身资源进行勘探。于是，市场对地质勘探人才的需求将保持在比较稳定的增长态势。

【其他职业方向】国土、城建及交通部门规划工程师，地球物理科研工作人员，文职人员，中小学地理教师等

三、专业体验

中国地质大学地质工程专业肖某：

地质工程是和工程建设有关的一个行业，哪里有工程建设，哪里就有地质工程的人才。因此，社会对地质工程人才的需求较大。

社会上有不少人认为地质工程是艰苦专业，工作环境差，其实这是一个误解。如今的地质工程工作者到野外工作已经进入坐汽车、住宾馆的时代，且其野外工具已从传统的“三大件”，到了应用遥感技术、GPS 定位系统、GIS 技术、掌上电脑等新技术的时代。地质工程人员还有一个得天独厚的优势，就是借助工作的便利可以饱览祖国大好河山。与山川大地为伴的过程既锻炼了我们的身体，也陶冶了我们的情操。

四、专家提示

随着科学技术的发展，地质类专业已经被摘掉了艰苦行业的标签。资源与环境两大主题，是社会和经济可持续发展的重要支柱。目前水环境与生态的构建、数字矿山工程、“入地”的地球探测与信息技术是国家优先发展的技术方向。遥感技术、GPS 定位系统、GIS 技术、掌上电脑使野外实习和作业的条件发生了翻天覆地的变化。另外，术业有专攻，不同学校的地质类专业在长期的发展中形成了自己鲜明的特色。考生一定要结合自己特长和兴趣选择在本行业内有优势的院校。

五、院校推荐

排名	学校名称	等级	排名	学校名称	等级	排名	学校名称	等级
1	中国地质大学(武汉)	5	6	南京大学	4	11	长江大学	4
2	吉林大学	5	7	西北大学	4	12	中国石油大学(华东)	4
3	长安大学	5	8	成都理工大学	4	13	西南石油大学	4
4	中国地质大学(北京)	5	9	中国石油大学(北京)	4	14	中国矿业大学(徐州)	4
5	同济大学	4	10	西南交通大学	4	15	山东科技大学	4

矿 业 类

一、学科概述

矿业类专业包括：采矿工程、石油工程、矿物加工工程、油气储运工程、矿物资源工程、海洋油气工程。

矿业类专业主要学习地质、力学、机械、电工、计算机、基础化学等知识，培养在矿物资源开发、工程设计、企业生产与经营、技术与行政管理、安全技术及监督、科学研究与技术革新等方面的高级工程技术人才和管理人才。毕业生主要在矿物资源企业、设计院、化工厂、管道局、民航机场、教学及科研单位、国家机关和其他矿物资源投资及咨询单位，从事工程规划设计、生产经营管理、设备制造、教学及科学研究、管理及技术监督、资源评估、投资分析等方面的工作。

二、职业方向

【职业方向一】能源类、资源类企业中的工程技术人员

对应专业：本学科所有专业。

职业内涵：从事矿产资源、能源勘探和开发、自然资源评价和管理方面的工作。

职业发展：我国矿产资源综合利用率远远低于世界先进水平，社会经济的发展对能源、资源的需要越来越强烈，而这类企业一般都属于国家大型垄断企业，至少也是国有大中型企业，实力雄厚，待遇也相当优厚。开发矿产资源，提高矿产资源综合利用率越来越重要。深层和复杂矿体采矿技术及无废开采综合技术、高效自动化选冶新工艺和大型设备、低品位与复杂难处理资源高效利用技术、浅海隐蔽油气藏勘探和稠油油田高效采收率综合技术等，需要大量高素质的技术人才。

【职业方向二】工程建设项目中的工程技术人员

对应专业：本学科所有专业。

职业内涵：在资源开采等大型建设工程中从事地质勘探勘察、设计安装及技术管理工作。

职业发展：中国“入世”后，针对我国矿业类人才缺少的状况，国家越来越重视该行业的投入。因此，矿业类高素质人才的发展前景十分广阔。

【职业方向三】地质勘探队

对应专业：采矿工程、石油工程、矿物资源工程、海洋油气工程。

职业内涵：从事矿源的寻找和开发、地勘或岩矿鉴定工作。

职业发展：矿产资源是经济和社会可持续发展的重要物质基础。随着国家建设的持续发展和科学发展观的确立，资源短缺成为制约经济发展的瓶颈。我国矿产资源严重紧缺，资源勘探难度不断加大，急需加强资源勘探的技术革新。同时，地质环境灾害、安全问题日益突出，使得前些年不被社会看好的矿业类专业的毕业生成为人才市场上很受欢迎的人。

【其他职业方向】石化设备研发制造工程师、煤炭及石油开采加工企业管理人员、矿物资源评估人员等

三、专业体验

辽宁科技大学石油工程专业何某：

大多数人认为矿业类专业的工作环境是艰苦的。但这是若干年前的状况，目前地勘人员的基本工作状态是“驴友行头穿，汽车送山前，游山玩水把活干，宇宙大地在心间”。也就是说，目前我们的工作环境和工作条件都有了极大的改善。

矿分两类：一类是煤矿，一类是金属矿。中国矿业大学的煤矿专业不错，中南大学的金属矿专业不错。

就石油而言，我个人觉得储运在专业里面是最好的。储运专业在设计院和大城市工作的比例远大于其他专业。可能有人觉得储运这几年就业不如石工和勘察，我想是大家有所误解，储运的就业还是相当好的。所以储运的师弟师妹一定不要心急，想要找到好工作，一定要“挺住”。

四、专家提示

矿物资源是国民经济发展的基础和命脉，随着矿产资源的日益贫化和新技术革命的持续推进，矿业类专业正迎来前所未有的发展机会。比如，数字矿山建设，航空物探技术的发展（包括无人机航空物探技术、卫星遥感、北斗定位等），新工艺处理低品位难加工资源，回收二次资源以及矿物深加工，高效无污染分选、综合利用及环境保护都需要大量的高综合素质的技术和管理人才。

五、院校推荐

排名	学校名称	等级	排名	学校名称	等级	排名	学校名称	等级
1	中国石油大学(北京)	5	7	东北大学	4	13	太原理工大学	4
2	西南石油大学	5	8	中国矿业大学(北京)	4	14	西安科技大学	4
3	中国矿业大学(徐州)	5	9	山东科技大学	4	15	中国地质大学(北京)	4
4	中国石油大学(华东)	5	10	武汉理工大学	4	16	西安石油大学	4
5	东北石油大学	4	11	重庆大学	4	17	安徽理工大学	4
6	北京科技大学	4	12	长江大学	4	18	昆明理工大学	4

纺 织 类

一、学科概述

纺织类专业包括：纺织工程、服装设计与工程、非制造材料与工程、服装设计与工艺教育。

现代纺织类专业涵盖了纺织、轻工、化工、机电、信息技术等学科的内容，适应了纺织学科与材料、信息、机电、环境、管理、艺术、贸易营销等学科融合发展的趋势，培养具有创新意识、实践能力和国际视野，并在纺织领域某一方面具有专长，能在纺织领域从事技术开发、纺织品和工艺设计、非织造材料与产品、纺织机械、质量检验与控制、生产及经营管理、商务贸易和科学研究等方面工作的复合型工程技术人才。毕业生可以到政府部门、科研院所、国内外企业工作，也可以选择继续深造、出国留学等。

二、职业方向

【职业方向一】纺织类行业中的专业技术人员

对应专业：本学科所有专业。

职业内涵：在纺织类企业中从事设计与研发、工艺技术设计、生产管理、技术改造、产品检验等工作。

职业发展：随着现代科学技术的发展，纺织类行业出现了很多新技术，例如：新的纤维资源被不断开发利用；各种高性能和功能性化学纤维不断问世；新的纤维制品加工方法不断出现；纤维制品加工设备日益自动化、智能化；纤维制品的应用领域尤其是在重要产业部门应用的领域不断拓宽；纤维制品与人体工程、环境保护及社会文化的关系日益密切。上述种种革新使纺织工程学科的内涵大为扩展。目前，国内外纺织工程主要涉及三大类：衣着用品、装饰用品和产业用品。产业用品是纺织工程发展的重点，医用的人造血管、航天员穿的宇航服、高铁用的土工布等是其典型代表。此外，数字化纺织技术、大飞机和风力发电用的纺织结构复合材料广泛应用于国民经济的各个领域。由于考生和家长对纺织专业缺乏了解，报考人数有限，而大型纺织企业急需用人，因此人才缺口较大。据了解，该专业每年的用人供需比达到1∶6。

【职业方向二】纺织产品营销人员

对应专业：本学科所有专业。

职业内涵：在纺织类生产、流通企业中从事产品销售工作。

职业发展：传统的服装面料销售仅仅是纺织行业销售的一个方面。随着科技的发展，产业用品销售的比重越来越大，如三维纺织结构复合用品、智能纺织结构复合用品（纳米应用）、医用纺织品、卫生保健纺织品、汽车工业中 F1 赛车的外壳等，这类纺织类产品已渗透到环境、土木工程、农业、民生和医卫的各个方面，已成为国民经济发展的重要部分。在校期间除了学好本专业外，还要加强市场营销、工商管理等专业知识的学习，多参加本行业的实习或社会实践，以增强实际工作能力。一个纺织专业知识广博、营销本领过硬的复合型人才会被企业争相聘用。

【职业方向三】纺织类专业领域公务员

对应专业：本学科所有专业。

职业内涵：在政府机关、检验监督、纺织类行业中从事行业管理、产品检验等行政技术管理工作。

职业发展：虽然纺织制造属于长久不衰的产业，但本行业属于市场充分竞争的行业，因此企业的利润一般，只有不断创新产品及做好商业服务，才能获得良好的发展空间。作为政府公务人员，除在技术监督部门从事商品检验、质量监督外，制定合理的产业政策，引导企业开拓创新产品、拓展发展领域、稳定数量庞大的就业人群有着更为重要的社会意义。要做好这些工作需要具有创新意识、实践能力和国际视野的专业人士的加入。

【其他职业方向】纺织机械企业生产经营管理人员、纺织设备及系统操作员、新兴纺织产品开发人员等

三、专业体验

江南大学纺织工程专业李某：

说起纺织，就联想到衣服。其实，纺织工程专业绝对不是纺纱织布。在数字化纺织时代，纺织领域已经扩展到了产业用品领域。例如，有医用的人工绷带、人造血管、心脏瓣膜，有航天员穿的宇航服，有 F1 赛车中汽车的外壳，有高速铁路建设中使用的土工布，有农业生产中使用的换气大棚布等。目前产业用品的发展前景十分广阔，形成了衣着用品、装饰用品、产业用品三大方向。纺织结构复合材料在我国目前发展的大飞机工程、风能利用、交通运输和建筑工程等领域有着广泛应用。由于该产业的带动，将有较大的相关专业人才需求，一个大纺织的时代即将来临。

其实不管什么专业，好好学总是没错的。纺织工程属于工科，只要想就业，工作

是没问题的，但是找到好工作要等到两三年以后。所以在学校一定要重视实习和试验。多泡图书馆看看当前纺织特别是纺织设备方面的发展状况，对以后工作有很大的帮助。

四、专家提示

从服装饰品，到宇宙航天飞机的防热外壳，到公路、铁路路基保护，到房屋的吸音、密封、保暖，到无纺布制成的尿不湿、餐巾、台布、地毯……大纺织改变了人们的传统纺织观念。数字化纺织、纺织结构复合材料已经深入国民经济的各个领域，深入每个人的日常生活中。现代纺织科学与工程、人工智能技术、数字图像处理技术、自动控制技术、电子测量技术、信息技术等多学科的交叉领域都为纺织科学与工程专业的成长提供了平台。

五、院校推荐

排名	学校名称	等级	排名	学校名称	等级	排名	学校名称	等级
1	东华大学	5	7	武汉纺织大学	4	13	南通大学	4
2	江南大学	4	8	大连工业大学	4	14	湖南工程学院	4
3	天津工业大学	4	9	中原工学院	4	15	新疆大学	4
4	浙江理工大学	4	10	上海工程技术大学	4	16	五邑大学	4
5	苏州大学	4	11	河北科技大学	4			
6	西安工程大学	4	12	青岛大学	4			

轻 工 类

一、学科概述：

轻工类专业包括：轻化工程、包装工程、印刷工程。

轻工类专业就是运用现代技术手段和工艺原理对制浆造纸、纺织化学与染整、皮革、文字或电子出版物、产品外包装等产品进行生产管理、质量控制、研究开发。毕业生能在本行业的相关企事业单位、研究机构及高等院校从事工程技术、质量控制、产品开发、商品检验、经济贸易、企业管理及教学科研等工作。

二、职业方向

【职业方向一】轻工行业中的专业技术人员

对应专业：本学科所有专业。

职业内涵：在皮革、纺织及其他轻工类企业中从事产品检验、开发及研究工作。

职业发展：现在的轻工产品已经不限于常见的日用品了，如医学中用到的人造血管、人工绷带、心脏瓣膜等，汽车工业中的赛车外壳，航天工业中神九、神十航天员穿的宇航服，铁路工程中高铁轨道下的土工布，农业中透气的特殊大棚布等，都属轻工产品。未来轻工业的发展是集设计、营销、贸易、物流、采购等环节为一体的智能化、数字化、网络化的综合体。

未来对轻工类新产品的需求会越来越大，因此本专业有着良好的就业前景。

【职业方向二】轻工产品营销人员

对应专业：本学科所有专业。

职业内涵：在以农产品为原料或者非农业产品为原料的轻工行业中从事产品销售工作。

职业发展：常见日用消费品、医用消费品、工业消费品需求量较大，如人造血管、人造支架、心脏瓣膜等已经进入大众视线。随着生产的发展，与人民生活密切相关的轻工产品，也将由传统的实用性、经济性向时代性、知识性、艺术性、健美性、工具性、娱乐性等方面转化，随之会涌现出大批新型轻工产品，这为营销者发挥作用、施展才华提供了广阔的天地。

【职业方向三】包装研究及设计人员

对应专业：包装工程、印刷工程。

职业内涵：在生产企业中，从事产品包装设计、生产调控（物流）、工程应用等领域的研究、开发工作。

职业发展：人靠衣装，物靠包装。包装本身也属于产品生产的一部分，包装的好坏不仅直接影响着商品的质量，而且还影响商品的价格。包装得好可以有效地提高商品的附加值。产品的外观需要按人的视觉、生理与心理特点和审美要求呈现出来。由于人们对审美的要求越来越高，加之商品对包装设计人员的要求越来越多，因此此类专业有较好的发展前景。

【其他职业方向】轻工创意产品设计师、电子出版产品编辑等

三、专业体验

陕西科技大学包装工程专业刘某：

我觉得包装工程是一个很容易学的专业。如果最终是要从事包装行业的简单劳动，可以不进行本科的学习，如果学习了包装工程本科课程而且也想在此行业发展下去，那就需要继续深造。简言之，包装行业是一个两极分化很严重的行业，简单的工作任何人都可以做，但是高深点的东西是需要很高深的研究性学习的。

包装工程学的面很广，包括印刷类、色彩类、装潢类、广告类。每个学校包装工程的侧重点是不一样的。我觉得上学的时候就应该侧重一个方向，学得精一点，毕竟包装的单位一般都要成熟的专业人员。有美术特长的可以选择包装设计方向或者包装印刷方向。我好多同学都是学的印刷方向。

四、专家提示

从事轻工类企业的技术人员工作变化会很大，待遇不稳定。如果从事销售的话工作会比较稳定，但收入会因个人业绩而变化，工作压力相对较大。本行业发展前景较好，随着人们对物质需求的增加特别是日常消费品需求的增加，这个行业会需要越来越多的人才。

五、院校推荐

排名	学校名称	等级	排名	学校名称	等级	排名	学校名称	等级
1	华南理工大学	5	7	东华大学	4	13	齐鲁工业大学	4

续表

排名	学校名称	等级	排名	学校名称	等级	排名	学校名称	等级
2	天津科技大学	5	8	南京林业大学	4	14	北京印刷学院	4
3	江南大学	5	9	武汉大学	4	15	大连工业大学	4
4	陕西科技大学	5	10	广西大学	4	16	南京工业大学	4
5	四川大学	5	11	天津工业大学	4	17	武汉理工大学	4
6	华东理工大学	4	12	西安理工大学	4	18	上海理工大学	4

交通运输类

一、学科概述

交通运输类专业包括：交通工程、交通运输、航海技术、轮机工程、飞行技术、交通设备与控制工程、救助与打捞工程、船舶电子电气工程。

交通运输类专业是研究陆、海、空交通运输的规划、交通设施设计、交通运输组织、交通运输经济、载运工具运用等专业知识与技能，培养能在国家及地方的交通运输管理部门从事交通分析和评价、交通运输规划、交通工程建设工作以及在交通运输企业从事规划与设计、组织与管理工作，具有大交通意识和较强的实践能力的高级技术与管理人才。

二、职业方向

【职业方向一】交通运输研究、规划及交通工程设计的工程技术人员

对应专业：交通运输、交通工程、交通设备与控制工程、船舶电子电器工程。

职业内涵：在交通运输企业从事技术研究、工程建设技术等工作。

职业发展：交通行业是国民经济的重要部门，需要不断发展以适应社会的需要。现在高铁等轨道交通建设轰轰烈烈，支线机场呼声此起彼伏，高速公路四通八达，电商物流需求也越来越大。随着“一带一路”战略的发展，中国积极开展亚洲公路网、泛亚铁路网规划和设计，与东北亚、中亚、南亚及东南亚国家开通公路 13 条、铁路 8 条。所以对与交通基础建设相关的铁路、公路、水路、航空等运输基础设施的相关专业人才需求也会明显增加。

【职业方向二】交通运输企业从事管理、经营的人员

对应专业：交通运输、交通工程、交通设备与控制工程、船舶电子电气工程。

职业内涵：在机场、码头、港口、火车站、城市地铁、公路交通管理等部门从事管理、经营、技术保障及后勤服务工作。

职业发展：交通运输是任何人都离不开的行业。在日常生活中，交通运输业扮演着“衣食住行”四大基本要素之一的“行”的角色，可以说，交通运输就是国民经济的“传送带”。加快发展重载技术、多式联运技术和现代物流技术，推广运输技术与装备的标准化与国际化是目前交通运输发展的重中之重。因此，该行业对人才的需求将

持续增长。

【职业方向三】在交通建设行业从事施工技术的工程技术人员

对应专业：交通运输、交通工程、交通设备与控制工程。

职业内涵：在铁路、公路、城市轨道、水运港口等工程建设中从事技术工作。

职业发展：交通建筑行业是国民经济的支柱产业。随着中国经济的快速发展，我国的港口，特别是沿海港口建设，一直保持着较快的发展趋势。据中国交通运输学会城市交通专业委员会的报告显示，在城市轨道交通方面，在国内 40 多座百万人口大城市当中，已经有 30 多座城市开始了城市快速轨道建设的前期工作，另有 14 个城市上报了城市轨道交通网络的规划方案。现在我国已经进入城市轨道交通快速发展的新时期，对该行业人才的需求也将持续增长。

【其他职业方向】土木工程技术员、建筑技术员、交通技术员、文职人员等

三、专业体验

长安大学交通运输专业袁某：

我家距我当时就读的中学不是太远，但交通状况非常糟，经常堵得水泄不通，有的路段到了高峰期好似移动停车场。让我感觉最可怕的是高考的第一天险些因为堵车耽误了高考，所以我高考填报志愿时，希望把能治理交通混乱的专业作为首选。报志愿时我找到了保定“未来人才”指导填报志愿的高老师，她为我推荐的是长安大学的交通运输专业，结果我以 2 分的优势被长安大学交通运输专业录取。

现在我已经大四了，并以优异的成绩获得硕士研究生免试资格，现在已经跟着导师做项目了。21 世纪将是公路交通智能化的世纪，人们将要采用的智能交通系统是一种先进的一体化交通综合管理系统。公路管理部门借助这个系统，可以对道路、车辆的行踪掌握得一清二楚，将交通流量调整至最佳状态。可想而知，在不久的将来城市交通将会逐步告别堵车的时代。

我国近几年交通方面的变化显而易见，经常出差的人都有感觉，现在飞机在空中颠簸得比以前轻多了，火车经过一次次的大提速比以前又快又稳又正点了，特别是高速铁路和城市地下铁路的发展更是日新月异。

以上交通方面的变化和未来的发展，都离不开交通类专业人才。

四、专家提示

报考交通运输类专业时，一定要考虑大学的行业背景，不同的高校对学生的培养也会有不同的方向和侧重。西南交通大学的交通运输专业的方向为“铁路运输、城市轨道交通”，大连海事大学侧重的是“海洋运输”，中国民航大学侧重的是“航空运

输”，长安大学侧重的是“公路运输”。

五、院校推荐

排名	学校名称	等级	排名	学校名称	等级	排名	学校名称	等级
1	北京交通大学	5	14	哈尔滨工业大学	4	27	华东交通大学	4
2	西南交通大学	5	15	上海海事大学	4	28	合肥工业大学	4
3	同济大学	5	16	吉林大学	4	29	江苏大学	4
4	长安大学	5	17	兰州交通大学	4	30	大连理工大学	4
5	东南大学	5	18	上海交通大学	4	31	中国民用航空飞行学院	4
6	中南大学	5	19	南京航空航天大学	4	32	石家庄铁道大学	4
7	哈尔滨工程大学	5	20	华南理工大学	4	33	太原科技大学	4
8	大连海事大学	5	21	长沙理工大学	4	34	集美大学	4
9	武汉理工大学	5	22	北京工业大学	4	35	河北工业大学	4
10	西北工业大学	4	23	东北林业大学	4	36	大连交通大学	4
11	重庆交通大学	4	24	西安建筑科技大学	4	37	北京理工大学	4
12	北京航空航天大学	4	25	中山大学	4			
13	华中科技大学	4	26	中国民航大学	4			

海洋工程类

一、学科概述

海洋工程类专业包括：船舶与海洋工程、海洋工程与技术、海洋资源开发技术。

“海洋工程”这一术语是20世纪60年代开始提出的，其内容也是近二三十年以来随着海洋石油、天然气等矿产的开采，逐步充实发展起来的。按海洋开发利用的海域，海洋工程可分为海岸工程、近海工程和深海工程，但三者又有所重叠。随着海洋工程水文学、海岸动力学和海岸动力地貌学以及其他有关学科的形成和发展，海洋工程也逐步形成一门系统的技术学科。主要研究内容：船舶的设计方法及如何保证航行的安全；海洋资源（矿产资源、水产资源、旅游资源）、海洋能源（海洋风能、潮汐能、波浪能）的开发与保护，以及对所需建筑物的设计、规划、建筑和管理等。

二、职业方向

【职业方向一】船舶与海洋工程的研究、设计及技术服务人员

对应专业：本学科所有专业。

职业内涵：在各大造船企业和远洋航运企业，从事船舶设计制造和远洋航运的技术服务等工作。

职业发展：随着国际形势的复杂化、国际交往与运输的频繁以及国内陆路交通的形势严峻，船舶与海洋工程成为捍卫疆域完整以及扩大交往密度而亟待发展的专业。随着高技术船舶增幅的加快，船舶也向着大型化、高速化方向发展，船舶的设计方法和制造技术也在不断创新发展，这迫切需要海洋工程类的专业技术人才。我国海洋工程在世界领域的分工还处于低端，在技术、人才方面与其他国家还有很大差距，本专业前景非常广阔。

【职业方向二】产品开发、海洋管理、环境保护等技术人员

对应专业：海洋工程与技术、海洋资源开发技术。

职业内涵：在海洋水产养殖、海洋渔业、海洋药物等企业从事技术指导工作。

职业发展：21世纪是人类全面开发和利用海洋的新时代，以海洋生物技术开发和保护海洋生物资源为标志的“蓝色革命”正在全球兴起。开发利用海洋资源和海洋经济已成为当前解决人口膨胀、环境恶化、资源短缺的重要途径。因此海洋渔业、海洋

水产养殖、海洋药物、海水淡化等将成为发展海洋经济的有效途径。我国是水产养殖大国，海水养殖技术是我国海洋生物技术的开发重点。国际上已经将基因工程、细胞工程、酶工程和发酵工程等现代生物技术手段应用于海水养殖生物的遗传育种、病害防治等方面，并在海洋动物养殖技术和海洋环境生物技术方面取得了很大成就。我国在这方面还比较落后，对此类专业技术人才的需求量将会越来越大。

【职业方向三】海洋结构物的建造、使用、维护等技术人员

对应专业：船舶与海洋工程、海洋工程与技术。

职业内涵：从事海洋固定式平台、海洋移动式平台、海底管线、人工岛等海上人工设施的设计、维护、使用等工作。

职业发展：随着陆地资源的日渐稀缺，全球海洋资源开采日益高涨。公开资料显示，近五年内全球仅深海油气开采就约有上千亿美元的资金投入。作为全球第二石油消费国的中国正对海洋工程装备进行高技术产业化攻关，届时我国船用配套设备国产化率将达到较高水平。大量的海洋结构物的建设、使用、更新需要大量的专业技术人才。海洋能源的发展是未来能源发展的趋势，本专业有着非常好的发展前景。

【其他职业方向】船舶修造技术员、远洋贸易代表、海上保险公司销售员、海事部门公务员

三、专业体验

大连理工大学船舶与海洋工程专业赵某：

据海关统计，2004 年我国船舶出口额为 31.58 亿美元，2013 年船舶出口额为 290.07 亿美元，新船承接方面全线飘红。我为能够在一所具有船舶特色的学校学习而感到骄傲。大学的课程相对高中来说比较轻松，最好在掌握老师课堂上讲的内容外，利用课余时间阅读其他相关的书籍，有目的地丰富各方面的知识。

在校学习期间一定要注重把所学理论和实际应用相结合。学校安排我们利用假期去船舶制造企业实地学习。通过实地学习，我们更多地了解了本专业将来的发展趋势和工作内容。

船舶与海洋工程就业的首选就是到舰船动力工程设计研究院（所）、国内外船级社与船舶检验部门、高等院校、船舶修造、贸易与经营公司、海关、海上保险和海事仲裁等部门工作，也可到相近行业和信息产业有关单位就业。从今年的就业情况来看，各地对本专业的需求量远远超过了应届毕业生的人数，是十年甚至百年一遇的“大年”，这跟近几年持续增长的航运有关。我想至少在 5 年内，这种势头可以保持下去。

四、专家提示

报考海洋工程类专业的同学，需要注意自身的条件，此类专业对身高、视力和其他身体要求都比较高。此类专业毕业生待遇优厚，但需要对这个行业有浓厚的兴趣。因为无论是从事理论研究还是进行实际远洋航运操作，都是特殊行业。

五、院校推荐

排名	学校名称	等级	排名	学校名称	等级	排名	学校名称	等级
1	哈尔滨工程大学	5	3	武汉理工大学	4	5	同济大学	4
2	上海交通大学	4	4	大连理工大学	4	6	天津大学	4

航空航天类

一、学科概述

航空航天类专业包括：航空航天工程、飞行器设计与工程、飞行器制造工程、飞行器动力工程、飞行器环境与生命保障工程、飞行器质量与可靠性、飞行器适航技术等专业。

航空航天是一门高度综合的现代技术，涉及许多的学科门类，主要包括航空和航天两个大的分支。我国根据飞行环境和工作方式把飞行器分为航空器、航天器两类——在大气层内飞行的叫航空器，在大气层外飞行的叫航天器。航空器包括飞机、无人机、直升机、滑翔机、飞艇。航天器包括人造卫星、载人飞船、空间探测器、航天飞机。本类专业主要就业去向是在航空航天等部门从事飞行器的设计、研究、生产、实验、运行维护、技术管理等工作。

二、职业方向

【职业方向一】飞行器的研究、设计、制造工程技术人员

对应专业：本学科所有专业。

职业内涵：在航空航天领域从事飞行器总体设计、机构设计、外形设计、飞机性能计算与分析以及飞行器的制造等。

职业发展：航空航天是国家具有战略意义的高精尖行业。现在我国的航空航天事业，正处在蓬勃发展时期：国防建设方面，火箭、导弹、战斗机等研发研制能力已经走在世界前列；神舟系列飞船的升空已经实现了多个跨越；作为未来全球大飞机 ABC（A 为空客，B 为波音，C 为国产大飞机）的竞争者之一，国产大飞机项目已经重新启动并进展顺利。另外，我们国家全面低空开放渐行渐近，包括私人飞行、公务飞行、旅游、农业、海洋开发等在内的低空飞行应用市场将逐步打开，所以航空航天高科技人才会供不应求。

【职业方向二】机场、航空公司的技术人员

对应专业：航空航天工程、飞行器设计与工程、飞行器动力工程、飞行器制造工程。

职业内涵：在民用机场、军用机场、航空公司从事技术顾问或飞机故障诊断及维

修等工作。

职业发展：飞机作为一种重要的交通运输方式，在人们的生活中非常重要。我国经济的快速发展，也推动了民航事业的进步，给航空事业的发展注入了一剂强心针。近年来，机场旅客吞吐量逐年上升，因此该行业对航空航天类专业人才的需求保持稳步增长的趋势。

【职业方向三】航空航天领域经营、管理、工程咨询人员

对应专业：本学科所有专业。

职业内涵：在航空航天领域的研发及制造单位，从事经营、管理、工程咨询等工作。

职业发展：航空航天产品是具有高研发强度的产品，本行业的经营、管理等相关岗位，也需要既懂技术又懂管理的高级复合型人才。“十三五”期间航空航天行业的对外开放程度将进一步加大，航天工程建设领域将会引入大量的社会资本，一些大型的风险投资公司或者开发银行等金融投资机构也会聘用大量的航空航天工程类技术人员。这些岗位也是航空航天类专业不错的选择。

【其他职业方向】导弹等军用产品研发人员，民航试航审定部门的试航技术管理员、地理测绘技术员等

三、专业体验

哈尔滨工业大学飞行器设计专业佟某：

我今年研究生快毕业了，本科、研究生都就读于本校，去年工作就落实了，签约于航天某院，工作地点在北京，且公司承诺解决北京户口。

就业去向一般是航空航天系统的科研院所、制造厂、进出口贸易公司等。研究生一般去航空航天系统的科研院所，而本科生主要是航空航天相关产品的生产制造部门。

有人认为，航空航天类的毕业生就要到酒泉卫星发射基地、西昌卫星发射基地这样的地方去工作，距城市较远且工作条件比较艰苦。实际上发射基地只承担发射任务，研发、生产单位大都分布在大中城市，例如航天两大集团下属有十多家大型研究院、数十家科研生产基地及上百家加工制造厂所，分布在北京、上海、成都、沈阳、武汉、西安等城市。在北京的航天两大集团下属大型研究院就有 5 个，包括航天一院（中国运载火箭技术研究院）、航天二院、航天三院、航天五院（中国空间技术研究院）、航天十院。此外还有上海的航天八院、成都的航天七院、武汉的航天九院、西安的航天六院等。同时这些大型的研究院还有相当多的民品生产公司。

四、专家提示

航空航天类专业的开设院校可以说都是“大腕级别”，例如，哈尔滨工业大学、北京航空航天大学、西北工业大学、北京理工大学、南京航空航天大学等。在航空航天领域，这些学校的牌子本身就是就业率的保证。这几个院校各有侧重，哈尔滨工业大学侧重航天、卫星，北京航空航天大学侧重飞机、导弹，西北工业大学侧重飞机、导弹、船舶，北京理工大学侧重导弹、坦克，南京航空航天大学侧重直升机。

本科毕业后继续深造，争取在航空航天的科研院所工作。

五、院校推荐

排名	学校名称	等级	排名	学校名称	等级	排名	学校名称	等级
1	北京航空航天大学	5	3	西北工业大学	4	5	沈阳航空航天大学	4
2	南京航空航天大学	4	4	哈尔滨工业大学	4	6	北京理工大学	4

兵　器　类

一、学科概述

兵器类专业包括：武器系统与工程、武器发射工程、探测制导与控制技术、弹药工程与爆炸技术、特种能源技术与工程、装甲车辆工程、信息对抗技术。

兵器类专业就是研究如何保卫国家安全，打击摧毁敌方的学问。它以力学、材料科学、机械工程、化学以及信息科学为主要学科，根据方向不同分别侧重武器系统总体设计、武器能源材料与器件的制造和应用、弹药战斗工程设计、燃烧及爆炸理论与技术等，以及探测敌方信号并一举击中、信号的干扰与反干扰等。毕业生主要在航空航天、船舶军舰、兵器科学、探测制导、战斗载荷发射、弹药爆炸技术等领域从事相关专业的理论研究与实验、工程设计与开发等工作，也适合于在相关民用工程技术领域从事科学研究与技术开发工作。

二、职业方向

【职业方向一】国防工业专业技术人员

对应专业：本学科所有专业。

职业内涵：在国防工业武器研发与制造领域从事理论研究、实验测试、产品开发、技术管理等工作。

职业发展：国防现代化是我国着力发展的战略目标，由于中国周边形势及外国军事技术封锁，国家在将来会投入更多资源用于高新技术型武器开发，用来提高我国国防实力。我国现在的军事装备分为单兵及轻武器系统、坦克及装甲车辆、陆基火炮武器系统、陆基导弹武器系统、电子及雷达系统、飞机及机载武器系统、舰船及舰载武器系统等。现役武器装备呈现一种新老装备同时存在，并逐渐退役老装备的现状。为了未来战争的需要，武器需要更快地更新换代，因此本类专业人才需求将长期保持比较平稳甚至上升的状态。

【职业方向二】军工企业、科技企业、电子设备企业的专业技术人员

对应专业：弹药工程与爆炸技术、特种能源技术与工程、装甲车辆工程、信息对抗技术。

职业内涵：在相关企业从事研发、生产、现场管理和安全防护等工作。

职业发展："十三五"以来，国家为增强部队的实战能力，已经从过去的沙盘模拟、网络演习、假体投弹等方式转变为实战演习。这就对武器器件的研究、设计、生产提出了新的要求，为相关专业人才提供了更广阔的舞台。另外，随着国家发展的需要，出现了一股军转民、民参军的浪潮，很多军用技术转民品应用，很多民营企业也开始参与到相关武器研发、生产中来。该专业就业前景将非常乐观。

【职业方向三】特种能源与烟火企业专业技术人员

对应专业：弹药工程与爆炸技术、特种能源技术与工程。

职业内涵：在特种能源与烟火技术领域内从事高能材料的开发、制造、应用、性能评价、烟火技术设计、燃烧机爆炸理论研究、技术质量管理等工作。

职业发展：在中国传统的盛大节日，夜空中绽放的烟火绚丽多彩。这些就是特种能源技术与工程专业所设计出的产品。在奥运圣火传递过程中使用的火炬也是特种能源研究人员智慧的结晶。我国历来十分重视火工与烟火技术的发展，加之在国民经济中诸如矿山、石油、煤矿的开采、爆炸成型、爆炸焊接、工程爆破等方面的广泛应用，该领域对人才的需求也会越来越大。

【其他职业方向】军工新产品测试员、军工产品保管维修技术工程师、航天信息系统操作员、航天场站工作人员等

三、专业体验

南京理工大学弹药工程与爆炸技术专业王某：

这个专业在大学里主要学习的课程都是理科的，如力学、物理化学、高数、线性代数等，如果你本人比较偏理科，估计学起来不会太吃力。该类专业有一个方向是民用爆破方面的，但是我们学校比较倾向于弹丸的设计，在民用爆破方面没有太多的涉及。

至于就业率目前还是百分之百，大部分进了工程单位，一小部分进了军工企业。工程单位以铁路局为主，工作环境和条件相对艰苦，但是实践经验学到的多。工程类人员基本上都是常年在外，有的项目挺苦的，不过年轻人嘛，多磨炼一下也挺好的，待遇还是挺不错的！要是想搞研究考研也不错。

至于兵器类的其他专业，从我们学校的情况看就业也都还行。像特种能源工程与烟火技术这个专业在军工中不可缺少，民用程度也很高，是有效缓解能源危机的重要手段；而特种能源的开发和利用是当前很多国家的重点科研项目之一，选择继续深造的同学比较多。

四、专家提示

该类专业对学生的数学、物理、化学成绩要求较高。与之结合最紧密的还是军工单位。一般研究型单位在市内，生产性单位位于郊区。所以，有志于献身国防事业的同学一定要做好的思想准备。选择本专业不仅要有热情，更要有责任感。该类专业工作稳定、待遇优厚，是今后国家大力发展的行业。

五、院校推荐

排名	学校名称	等级	排名	学校名称	等级	排名	学校名称	等级
1	南京理工大学	5	3	北京航空航天大学	4			
2	北京理工大学	4	4	中北大学	4			

核工程类

一、学科概述

核工程类专业包括：核工程与核技术、辐射防护与核安全、工程物理、核化工与核燃料工程。

核工程类专业研究核能科学与工程、核燃料的循环与利用、核技术及应用、辐射防护及环境保护等。核工业体系包括核燃料循环和满足特殊要求的材料。前者以多种新型化工和特殊工艺过程为基础，包括放射性和稳定性同位素的分离、核燃料元件制造、辐射燃料的处理、放射性废弃物的处理等；后者要研究满足对核燃料和核反应堆的结构部件所应具有的特殊核性能要求。这就形成了特殊的核材料科学和技术领域。本类专业毕业生可以在政府部门、规划部门、经济管理部门、核电工程的科研设计单位、核能工矿企业从事核工程及核技术方面的研究、设计、制造、运行、应用和管理工作。

二、职业方向

【职业方向一】核电厂、核电设备制造企业的工程技术人员

对应专业：本学科所有专业。

职业内涵：在核电厂从事核电的规划、施工、运行、维护、管理和技术支持、核电厂核安全评价与监督、辐射防护和核环境治理工作，以及在核电设备制造企业从事技术开发等工作。

职业发展：核电作为一种新兴的清洁能源，正逐渐取代太阳能、风能、地热能、水能等能源形式，显示出旺盛的生命力。目前我国在运核电装机总量仅占电力总装机量的1.78%，远不及发达国家的15%—20%。随着中国内陆核电“‘十三五’解冻”的预期不断升温，作为国家重大科技项目，在未来十几年，中国的版图上将出现40台以上核电机组，到2020年，中国在运在建核电装机总量将达到8800万千瓦，中国核电的发展将迎来新纪元。核能源将成为中国未来能源的绿色支柱，核工程类专业毕业生将深受社会欢迎。

【职业方向二】核科技、工程部门研究员

对应专业：本学科所有专业。

职业内涵：在核电工程的科研设计单位（站、厂、院、所）及环境、医疗、卫生、国防、工业、农业的政府部门、规划部门和经济管理等部门从事研究、规划、设计、技术咨询等工作。

职业发展：核电站、核动力潜艇、核武器等相关领域目前是国际上竞争非常激烈的高技术领域。无论从保护国家能源安全来说，还是调整能源结构、提高能源利用率、改善大气环境、促进科技进步来说，我国都需要大力发展核设施和核设备。核技术方面的应用非常广泛：地质、农业、CT、基因变异、航天工程等都需要核技术的支持，所以说这些学科的相关行业如地质勘探队、医院放射科、种子研究所等都需要大量的核技术科研人才。这类专业毕业生未来就业将会非常乐观。

【职业方向三】核燃料企业的研发或技术人员

对应专业：本学科所有专业。

职业内涵：在核化工与核燃料工程及相近专业领域从事核材料的开发设计、应用和性能测试、管理等工作。

职业发展：核工程专业主要服务于国防军工和核电行业及其相关民用产业。核电事业的发展将为本类专业的学生提供巨大的发展前景。核燃料企业的产品和服务包含核材料、核燃料加工与销售，核燃料加工设施建设、工程研究与设计，核燃料技术研发、技术转让、技术服务，核燃料专用材料与专用设备研发、制造与销售，进出口业务。在这些单位，毕业生大有可为。

【其他职业方向】医疗器材生产企业、生产能源电力部门质检工程师，环保监测工程师等

三、专业体验

哈尔滨工程大学核工程与核技术专业缪某：

在很多人眼里，核电一直都被赋予了神秘的面纱。但通过学习你会发现核电其实并没有那么神秘。有人担心从事核电工作会对个人的身体健康产生影响，其实除了极少数的运营、维修人员外，其他人员是没有机会进入发电厂区的。核电站对于所有的员工都有严格的辐射计量标准，一般核电站工作人员的受辐射量甚至比医院放射科的医生还要低。少数特殊工作人员达到一定剂量后，将不再安排接触核辐射工作，按国家规定正常退休。

大学学习相对比较轻松，考试也好通过，但如果想学到真本事，最好平时也要利用好时间。大一、大二主要学习公共基础课，大三开始学习专业课，课程比较多，学习难度和压力会比较大，其中很多课程都是短学时的，要学好消化好，要不然会挂科的。

由于国家正在大力发展核电，就业情况还是比较乐观的。进入国企是最佳的选择，像中国核工业集团公司、中国核工业建设集团公司、中国广东核电集团有限公司等单位待遇相当不错。国内的核电站基本上是由中核集团和广东核电集团投资建设，待遇都相当不错，年薪一般都在10万以上。在核电站外围工作辐射量比国产的手机大不了多少。另外，像我们学校的核工程与核技术，主要是关于核辐射防护和探测的，毕业后可以去与核有关的科研院、环保局或监测站、大型医院等单位工作。

四、专家提示

核工程类毕业生绝大多数要去核行业工作。核行业属于特殊行业，待遇非常优厚，但对身体条件要求较高，尤其是核电行业。比如：肝炎病毒携带者，色盲，色弱，近视、远视高于350度者，心脏疾患，高血压等慎报。核电站生活设施齐全，如果安家在核电站周围城市，下班后可以坐公司班车回家，国家法定假日、周末，都可以休息。工作环境算不上艰苦，只是工作的地方比较偏僻。如果你是反应堆内工作人员，接受辐射的剂量较高，你的工作年限也是受控制的。反应堆外的工作人员，辐射会比远离电厂的人高些，但对身体产生危害的概率比照X光还小，不用过分担心。

五、院校推荐

排名	学校名称	等级	排名	学校名称	等级	排名	学校名称	等级
1	清华大学	5	3	四川大学	4	5	哈尔滨工程大学	4
2	西安交通大学	4	4	中国科学技术大学	4			

农业工程类

一、学科概述

农业工程类专业包括：农业工程、农业机械化及其自动化、农业电气化、农业建筑环境与能源工程、农业水利工程。

农业工程类专业就是研究现代科学技术如何与农业产业化、现代化有机结合，培养具有与农业现代化相关的科学研究、设计规划、开发建设和管理、农业设施与环境、农村新能源开发与利用、现代农业技术集成与管理、自动控制与检测、农业建筑的设计规划与施工等方面的复合型人才。毕业生能在农业生产部门、农业行政管理部门、科研院所、农业教育机构以及有关的企事业单位从事与农业生产中工程技术装备有关的性能设计、企业工程运行、管理营销和教学科研等方面的工作。

二、职业方向

【职业方向一】农业机械工程技术人员

对应专业：农业工程、农业机械化及其自动化、农业电气化、农业建筑环境与能源工程。

职业内涵：在各类农业机械制造类企业中从事产品设计、制造、维修以及销售等工作。

职业发展：李克强总理在 2016 年政府工作报告中提出要建设现代农业和社会主义新农村，实现农业现代化。农业工程类专业是建设现代农业、实现农业现代化的重要保障。发展农业工程类学科不仅可为农业生产和农村发展提供先进实用的技术、装备与基础设施，满足现代农业发展的需要，而且有利于提高农业与农村及相关企业的创新能力和核心竞争力，是国家强化农业基础、增强农业功能、建设新农村以及振兴农业装备制造业的需要。当前，我国正处于从传统农业向现代农业转变的关键时期。随着工业化、城镇化、农业现代化和信息化的加快推进，农业产业结构的调整和优化，农村劳动力结构和农民劳动观念的变化，农业与农村发展对农业工程科学与技术的依赖越来越强。农用机械的电气化、自动化等是一个明确的发展方向，农业机械将有着广阔的发展空间。而市场对农业机械及自动化、农业电气化人才将有着旺盛的需求。

【职业方向二】农业生产支持系统技术人员

对应专业：农业建筑环境与能源工程、农业水利工程、农业工程。

职业内涵：为农业生产提供环保技术、节能技术、新能源技术、水利水电等技术或物质支持等工作。

职业发展：农业是国民经济的基础，解决农业问题是解决人类生存发展的重要前提。因此发展现代农业是每个国家都无法回避的重大课题。温室建筑、畜禽场建筑、农业库房建筑、农业水利水电建设、农村新能源建筑和水产品工厂化养殖建筑等可以为农业生产对象创造一个有利于其生产发育的环境，增强农业抵御自然灾害和病疫的能力。随着我国农业现代化、农村城镇化和现代新农村建设的战略实施，以及人类社会能源问题的愈来愈突出和对环境的要求愈来愈高，该类专业将在农业新技术、新设施、新设备及新能源的研究开发和城乡建设规划管理中发挥重要作用。因此，农业工程类人员将深受社会欢迎。

【职业方向三】在科研单位、科技推广机构、政府部门从事与农业领域相关的规划管理、建筑节能、教学与科研等方面的专业技术人员

对应专业：本学科所有专业。

职业内涵：在农业水利水电部门、科研院所、科技推广机构等从事与农业相关领域的规划、设计、施工、管理等工作。

职业发展：中国是农业大国，目前正从传统农业向现代化农业过渡。伴随着国家对农业的进一步重视，未来将进一步加大农业工程的建设。目前，我国农业的效益比较低，国家投资小，农业工程建设规模小，很多园区建设都是自己的主观建设，没有经过科学的规划。随着国家对“三农”的重视，将来建筑工程可能会借农业工程的壳来发展，所以对从事农业相关领域科研人才的需求会不断增加。

【其他职业方向】大型设施农业企业技术员、农业机械销售代表，农产品加工企业技术管理人员、行政秘书和行政助理等

三、专业体验

北京农学院农业水利工程专业曾某：

我们专业学得比较杂，农业建筑、农田水利、农村节能技术等都有。比较准确的说法是，农业工程类专业是现代农业生物学和现代工程学相结合的一门应用科学。它综合应用各种工程技术知识，为改善农业生产（包括农产品加工、贮运）的工艺技术和环境条件服务，有时也包括为改善农民的生活条件服务。农业工程所涉及的领域包括：农业机械化、农业电气化与自动化、农田水利与水土保持、农业生物环境与农业建筑、土地开发利用、农村能源、农产品加工、农业系统工程，以及新技术如计算机、

遥感、电子、激光等在农业生产中的应用等。

由于本专业涉猎面较广，课程比较多，所以学习节奏比较紧张，但不要担心，只要认真学是不会挂科的。就业情况还是比较乐观的，有去地方电力部门的，也有去水利工程勘测研究院的，也有去农业机械公司的。由于国家前一段提出要建设社会主义新农村，要大力发展农业，所以本专业的就业前景应该会越来越好。

四、专家提示

一直有人认为农业工程类专业就是与土地打交道，工作地点会在农村。其实不然，这类专业就业地点在城市者居多。这类工作较稳定，收入高，但市场竞争也将给从业者带来很大的生存发展压力。

五、院校推荐

排名	学校名称	等级	排名	学校名称	等级	排名	学校名称	等级
1	中国农业大学	5	5	西南大学	4	9	江苏大学	4
2	东北农业大学	5	6	华中农业大学	4	10	吉林大学	4
3	沈阳农业大学	5	7	西北农林科技大学	4	11	内蒙古农业大学	4
4	南京农业大学	4	8	华南农业大学	4	12	河海大学	4

林业工程类

一、学科概述

林业工程类专业包括：森林工程、木材科学与工程、林产化工。

林业工程类专业是以森林资源的高效利用和可持续发展为主线，研究森林资源的抚育、开发、利用以及林产品加工等，能在森工、装备制造、木材加工、生物质化工等企业从事森工智能装备设计、制造、控制以及设备选型和原材料、半成品及成品分析检验等工作。未来的林业不仅承担着生态建设的主要任务，而且承担着提供多种林产品的重大使命，它将与信息技术、自动化技术、电子技术紧密联系，向应用技术方向发展。

二、职业方向

【职业方向一】林业工程专业技术人员

对应专业：本学科所有专业。

职业内涵：在森林、交通、机械等方面企事业单位从事技术开发工作。

职业发展：为了保护环境及社会经济的可持续发展，国家大力植树造林，发展林业经济。同时，我国通过机械设备引进与技术改造，在联合机创制方面取得了新的进展，研制出了具有中国特色的山地整地机、超低容量喷雾机等管林机械，液压传动木材装载机、钢架杆集材架空索道等森林采运机械，低噪声的带锯机、木工机床、板式家具成立设备、鼓式削片机等木材加工机械新产品，为进一步推动森林工业和林业生产机械化的发展起到了重要作用。这些都需要相关的专业技术人员。

【职业方向二】木材加工类或木材装备制造企业技术人员

对应专业：木材科学与工程、森林工程。

职业内涵：在森林工程建设、家具制造、室内工程研究等企业从事产品研发、技术管理等工作。

职业发展：木材是一种宝贵的自然资源，它具有许多优良的性能，在人类文明发展中占有十分重要的地位。随着世界人口的增长和人们生活水平的提高，人们对木材及其制品的需求不断增加。如何更深入地了解木材的特性，更有效、合理地利用好有限的木材资源，走可持续发展的道路，以满足经济建设和人民生活的需要，是木材科学与技术学科的基本任务。在我国社会经济中，木质结构基本建设、木材加工、家具制造等领域有着持久的消费需求。而且，我国当前正处在房地产产业高速发展的时期，对各类建筑材料和室内设计人员的需求比较旺盛。所以，本专业毕业生的就业前景非常乐观。

【职业方向三】林产化工专业技术人员

对应专业：林产化工专业。

职业内涵：在造纸、化工、精细化工等相关企事业单位从事设计及产品研发等工作。

职业发展：截至 2015 年中国林业生产总值已经达到了 5 万亿元。林业作为朝阳产业、富民产业、环保可持续产业，占国民生产总值的 6.47%，成为国民经济支柱产业指日可待。其中民营企业是生力军，占到林业企业的 80%。人民生活水平的提高、国家城镇化建设的加快，带动了对林业产品的需求。该类专业将有着较好的发展前景。

【其他职业方向】大型设施林业企业技术员，林业机械销售代表，林产品加工企业技术管理人员、行政秘书和行政助理等

三、专业体验

东北林业大学木材科学与工程专业王某：

我们专业属于工学类，主要从事与木材相关的生产、加工、设计等方面的工作。我当年填报志愿时也是稀里糊涂地考进来的，后来发现这个专业还是蛮不错的。

由于我对设计类专业比较感兴趣，所以希望将来能通过本专业向室内装修及设计方向发展。现在家居设计方面就业还是比较好的，专业课和材料相关联的比较多，而且还比较实用。从前几届学长的就业情况看，有在起重运输企业集团工作的，也有在国际经济技术合作公司工作的，还有从事室内设计的，待遇普遍还行。由于国家目前对林业的投入加大，加之人们对绿色生态的需求加大，未来这个专业还是很有前途的。只要你努力学，就业肯定没问题。

四、专家提示

林业工程类专业并不像有人想象的那样只是育苗种树。这个专业既和工程机械有联系也和材料有关联，对于分数较低想学设计或机械的学生来说应该是个不错的选择。待遇较高，工作稳定，但工作地比较偏远。由于行业竞争也比较激烈，工作稳定度可能较低，有的工作环境容易受到污染。

五、院校推荐

排名	学校名称	等级	排名	学校名称	等级	排名	学校名称	等级
1	东北林业大学	5	3	北京林业大学	4			
2	南京林业大学	4	4	中南林业科技大学	4			

环境科学与工程类

一、学科概述

环境科学与工程类专业包括：环境科学与工程、环境工程、环境科学、环境生态工程、环保设备工程、资源环境科学、水质科学与技术。

环境科学与工程类专业是研究如何保护和合理利用自然资源、利用科学的手段解决日益严重的环境问题、改善环境质量、促进环境保护与社会发展；如何制定相应的政策法规防止水资源的污染；如何利用物理、化学或生物的手段对污水进行净化处理，并最终实现再利用；以及环境污染综合防治的方法和措施，利用系统工程的方法从区域的整体上寻求解决环境问题的最佳方案。毕业生可在环境管理部门、设计院、市政部门、环保公司、科研机构及冶金、能源、医药等行业从事与环境相关的管理、规划、设计、施工及研究开发等工作。

二、职业方向

【职业方向一】环境保护技术人员

对应专业：环境科学与工程、环境工程、环境科学、环境生态工程、资源环境科学、水质科学与技术。

职业内涵：在国家环保部门如环保局、环境监测部门、政府新建环保项目，污染比较严重的企业（如冶金、能源、医药、造纸）从事环保设计与技术指导等工作。

职业发展：近年来长期出现的雾霾天气使人们越来越认识到环境保护与环境治理已经到了刻不容缓的地步。解决好环境问题关系到中国的国家安全、国际形象和广大人民群众的根本利益，以及全面小康社会的实现。十八届五中全会明确提出：加大环境治理力度，以提高环境质量为核心，实行最严格的环境保护制度，深入实施大气、水、土壤污染防治行动计划，实行省以下环保机构监测监察执法垂直管理制度。据相关统计，我国目前环保技术人员不足 10 万，政府的环保部门、国家新建的环保项目、污染严重的企业都离不开高级环保技术人才的支持。国家对环保类人才的大量需求使得本专业在就业竞争中占据优势地位。

【职业方向二】水资源利用、污水处理、水质净化企业专业技术人员

对应专业：环境科学与工程、环境工程、环境科学、环境生态工程、资源环境科

学、水质科学与技术。

职业内涵：在与水相关领域从事水质科学研究，水质工程规划，水处理系统设计，水质监测与控制，水处理新技术、新材料、新设备、新工艺的开发等工作。

职业发展：水是“生命之源”。水质问题是制约国民经济和社会可持续发展的重大问题。我国是一个干旱缺水的国家。由于可利用的淡水资源有限，加上水资源污染、浪费严重，加重了水资源短缺的危机。我国目前正在出台各种政策解决水资源短缺问题，其中湖泊水污染监测控制技术研究取得了新突破。国家在水资源利用和水质净化领域将会不断加大投入，这为此类专业毕业生带来了很好的发展前景。

【职业方向三】环保设备制造企业工程技术人员

对应专业：环保设备工程。

职业内涵：在环保产业相关企业从事工程机械设备的开发、设计、制造、安装、调试、操作维护、营销等工作。

职业发展：我国环保设备工业的主导产品有机械除尘设备、电除尘设备、水处理设备、气体净化设备、噪声控制设备和垃圾处理设备。虽然目前环保投资日益增大，国内环保产业市场前景广阔，但当前的环保设备行业还存在着诸多问题。主要表现为：产业规模偏小，集中程度偏低，产业结构不合理，集聚发展的规模不够大，企业产品仍然是以末端治理为主的中低端产品等。随着国家对环保投入的不断加大，环保设备方面将需要大量的专业技术人才。

【其他职业方向】健康保护方面的技术员、废水废液设备和系统操作员、文职人员等

三、专业体验

重庆大学环境工程专业袁某：

与实际生活联系紧密是环境工程专业的最大特点。由于上高中期间觉得雾霾现象严重、水资源污染太多，所以立志考取环境工程专业为改善家乡环境做点贡献。上大学之后才发现环境问题涉及水体、土壤、大气等。总体上说，这是一门非常宽泛的学科，也是一门交叉学科，它需要数学、物理、化学、生物、地理等几门学科的综合知识。因此此学科研究生的深造方向也非常多，有数学方向（如水模型计算）、生物方向（如生物法水处理）、化学方向（如水环境化学）、规划方向（如地理信息系统及遥感）等。与此同时，这门学科也是非常多元化的，包含着环境经济学、环境法、环境社会学等多个分支学科。

大一、大二学习课程主要为基础科学，目的是为以后的专业课程学习打基础；也有少数专业课程，但也只是通识类的课程，目的是让我们对于环境科学有一个初步的

了解。本人对于大三的课程记忆最为深刻，其中环境系统工程和环境影响与评价主要在引导我们有一种“环境人”的思想，从系统工程的角度考虑事物，不光看表面，而是总体与局部结合起来思考问题。

至于就业情况要取决于个人的努力和所上的学校。我们学校的就业情况还可以，有考公务员的，有进入环保设备公司的，还有一部分同学考取了研究生。我现在正在读研究生，我觉得只要个人努力，就业还是不成问题的。

四、专家提示

伴随着人类在控制环境污染方面所取得的进展，环境类专业日趋成熟。电子计算机、高精度的分析测定技术、高分辨率的遥感仪器和地理信息系统等高新技术的发展及其在生态学领域的应用，为现代生态学的发展提供了条件。环境科学与工程类在21世纪的科技、社会、自然和经济发展中具有广阔的应用前景。但环境在中国目前来说还没有形成产业化，而且环境产业如果形成也是一种微利或者说长线投资，所以这类专业的实际就业率较低。随着我国对环境问题的日益重视，有理由相信这类专业毕业生的就业形势会越来越好！

五、院校推荐

排名	学校名称	等级	排名	学校名称	等级	排名	学校名称	等级
1	北京大学	5	21	武汉大学	5	41	兰州大学	4
2	北京师范大学	5	22	华南理工大学	4	42	兰州交通大学	4
3	清华大学	5	23	中山大学	4	43	华中科技大学	4
4	同济大学	5	24	北京工业大学	4	44	南京理工大学	4
5	浙江大学	5	25	东华大学	4	45	东北师范大学	4
6	哈尔滨工业大学	5	26	上海交通大学	4	46	上海大学	4
7	大连理工大学	5	27	华东师范大学	4	47	华南农业大学	4
8	南京大学	5	28	华东理工大学	4	48	山西大学	4
9	湖南大学	5	29	吉林大学	4	49	东北大学	4
10	中国农业大学	5	30	东南大学	4	50	南京农业大学	4
11	中国海洋大学	5	31	西北农林科技大学	4	51	江苏大学	4
12	厦门大学	5	32	复旦大学	4	52	中国科学技术大学	4
13	东北林业大学	5	33	河南师范大学	4	53	中南大学	4

续表

排名	学校名称	等级	排名	学校名称	等级	排名	学校名称	等级
14	河海大学	5	34	南昌大学	4	54	太原理工大学	4
15	昆明理工大学	5	35	北京化工大学	4	55	北京理工大学	4
16	南开大学	5	36	武汉理工大学	4	56	暨南大学	4
17	山东大学	5	37	长安大学	4	57	中国矿业大学(徐州)	4
18	四川大学	5	38	重庆大学	4	58	西安交通大学	4
19	天津大学	5	39	江南大学	4	59	西北工业大学	4
20	西安建筑科技大学	5	40	北京科技大学	4	60	南京师范大学	4

安全科学与工程类

一、学科概述

安全科学与工程类专业包括：安全工程。

安全科学与工程类专业是研究生产过程中如何保证人员的身心健康和生命安全，同时减少物质财富的损失的一门学科。通过研究和分析生产、生活中各种不安全因素的内在联系和作用规律，探寻防止灾害和事故发生的有效措施，以达到控制事故、保证安全的目的。本专业旨在培养能从事安全技术及工程、安全科学与研究、安全监察与管理、安全健康环境检测与监测、安全设计与生产、安全教育与培训等工作的复合型高级工程技术人才。

二、职业方向

【职业方向一】建筑、经营等方面的安全工程师

对应专业：安全工程。

职业内涵：在各类矿山（煤矿、石油、化工、建筑、核电等）、建筑施工单位以及危险品的生产、经营、储存单位等从事安全技术开发及管理工作。

职业发展：天津港“8·12”事故的发生说明我国安全形势非常严峻。它一方面暴露了管理的松懈，另一方面也显示出我国安全工程类人才的缺乏。我国《安全生产法》对生产经营单位和企业内部的安全管理进行了明确规定：“矿山、建筑施工单位和危险物品的生产、经营、储存单位，应当设置安全生产管理机构或者配备专职安全生产管理人员。前款规定以外的其他生产经营单位，从业人员超过三百人的，应当设置安全生产管理机构或者配备专职安全生产管理人员；从业人员在三百人以下的，应当配置专职或者兼职的安全生产管理人员，或者委托具有国家规定的相关专业技术资格的工程技术人员提供安全生产管理服务。”由于我国300人以上的高危企业数量庞大，安全工程专业人才有巨大的需求市场。即使安全工程专业的毕业生有大幅度增加，目前也是处于供不应求的状况。

【职业方向二】风险评估师、事故鉴定分析师

对应专业：安全工程。

职业内涵：在公安、消防等部门从事防火防爆工作和事故后的鉴定处理工作，或

在保险部门从事风险评估、防灾及处理工作，也可在安全评价机构从事专业安全评价等工作。

职业发展：目前我国已有的甲级资质安全评价机构不到200家，具备乙级资质的评价机构也只有500多家，而在“十三五”期间具备甲、乙级资质的安全评价机构要达到5000家左右。因此，国家对安全评价人员的需求会快速增加。

【其他职业方向】工业安全和健康工程师、建筑技术员、安全和火警系统安装员、职业健康及安全技术员等

三、专业体验

青岛科技大学安全工程专业张某：

学好安全工程专业，需要扎实的基础课功底。在大学开始的两年里我几乎感觉不到自己学了多少跟“安全”沾边的知识，都是一些基础课。学习中我慢慢意识到安全工程专业要求的知识面特别广。由于这个专业具有很强的综合性，在学习过程中要求掌握的知识面很广泛，涉及安全心理、安全行为、安全管理、法律等多个学科。同时，这个专业在技术方面又细分了很多领域，如火灾爆炸、电气安全、锅炉压力容器、噪声防护等。内容虽多但只要认真听讲，学习起来还是不难的。

这个专业在不同学校有不同的研究方向，有火灾安全、建筑安全、煤矿安全、化工安全方向，有安全管理、安全评价方向，涉及高分子、气体、甚至炸药爆炸等不同的方面，关键是看你研究哪一方面。

这个专业就业面相对较广，找工作一般是没有问题的。

四、专家提示

安全工程对视力有一定的要求，镜片度数大于800度的不宜就读。由于工作性质的缘故，该专业工作稳定，需要野外作业较多，比较适合男生，女生慎报。安全是很重要的，可是每个行业的安全又是不一样的，学校里的知识没有太大的针对性，所以在学习过程中要多学些本专业以外的东西，尤其是法律法规、电气、机械类的知识，来拓宽自己的知识面。

五、院校推荐

排名	学校名称	等级	排名	学校名称	等级	排名	学校名称	等级
1	西安科技大学	5	10	太原理工大学	4	19	中国地质大学(武汉)	4

续表

排名	学校名称	等级	排名	学校名称	等级	排名	学校名称	等级
2	中国科学技术大学	5	11	南京工业大学	4	20	南京理工大学	4
3	辽宁工程技术大学	5	12	中国矿业大学(徐州)	4	21	华南理工大学	4
4	北京理工大学	5	13	北京化工大学	4	22	西南交通大学	4
5	中南大学	5	14	安徽理工大学	4	23	福州大学	4
6	山东科技大学	5	15	河南理工大学	4	24	中国矿业大学(北京)	4
7	北京科技大学	4	16	郑州大学	4	25	江苏大学	4
8	重庆大学	4	17	武汉理工大学	4	26	南华大学	4
9	东北大学	4	18	西安建筑科技大学	4			

生物医学工程类

一、学科概述

生物医学工程类专业包括：生物医学工程、假肢矫形工程。

生物医学工程类专业是从工程角度运用高科技手段解决生物学与医学基础理论及临床中的防病、治病问题，保障人民健康。生物医学工程研究的学科方向主要有：计算机网络技术和各类大型医疗设备。计算机网络技术包括：数字化医学中心，医学图像处理及多媒体在医学中的应用，生物信息的控制及神经网络生物医学信号检测与处理。旨在培养能在医疗器械、医疗卫生等相关行业的企事业单位从事工程技术开发、服务、管理等方面工作的专业技术人才。

二、职业方向

【职业方向一】医疗企业和 IT 类电子企业的工程技术人员

对应专业：本学科所有专业。

职业内涵：在医疗企业从事医疗产品的生产技术管理、品质控制、新产品研发、产品生产等方面的工作，或在 IT 类电子企业从事相关产品的研发、设计、销售等。

职业发展：在科学技术水平不断提高的今天，人们对于一些人造器官、辅助器械的需求不断扩大。在未来，设计出更加人性化、专业化的新一代医疗产品是各大医疗机械公司的目标。只要你能够设计出更为合理的医疗产品，相信你也将是众多医疗开发公司争相抢夺的人才。

【职业方向二】医院和医疗卫生部门的设备使用、维修技术员

对应专业：生物医学工程、假肢矫形工程。

职业内涵：在各级医院的医学工程处、设备处、信息中心以及医学影像科（超声波成像技术、CT、核磁共振等）从事相关设备的管理、使用、维护等工作。

职业发展：现在大型医院除了常规的医生和护士之外，越来越多地加入了一些高精密的医疗器械用来辅助医生的工作，从而大大提高了患者的存活率，有效保证了救死扶伤的效率。虽然我国生物医学工程起步较晚，但是随着国家在这方面投入的加大，相信这类专业毕业生将有着广阔的就业空间。

【职业方向三】康复器具研究员

对应专业：本学科所有专业。

职业内涵：在管理机构、国家机关、医学机构（临床研究、高度专业化的医学护理、管理）国际制药及保健品企业（管理、研究和开发）、私人机构（和医生合作直接参加高度专业化的医学护理和解决临床基础研究）从事相关管理、研究等工作。

职业发展：目前我国有8300万残疾人，庞大的人群对服务提出了更高的要求。近年来，以假肢、矫形器等为代表的康复器具服务行业有了长足发展。随着行业的迅速发展，需要更多的专业技术人员加入进来。在肢体残疾人研究开发和服务领域，高层次人才非常匮乏。据统计，在我国残疾人口中，肢体伤残和运动障碍残疾人占到29%，即达到2400多万，是大残疾群体，他们大都需要假肢、矫形器及相关的技术服务。目前国内康复辅具的配置服务只覆盖了约19%有需求的残疾人，未来对这方面的需求还将继续加大，生物医学工程方面的人才大有用武之地。

【其他职业方向】各级医院设备处、信息中心以及医学影像科工作人员，医疗器械销售代表及维修工程师，仪器仪表销售代表

三、专业体验

首都医科大学生物医学工程专业刘某：

我们学校的生物工程属于工科，开办得比较早，在医科院校里算是比较特殊的专业，主要学习与医疗相关的仪器和设备的原理知识。本科的课程基本是生物、医学、电子、工程的一些基础课程。由于该学科在我国是新兴学科，现在正处在发展阶段，它由很多方向构成，例如生物材料、人工器官、医学图像处理、生物力学、生物仪器等。就目前而言，本科就业前景不是很好，如果不打算读研，需慎重考虑。

如果你选择学习本专业，那么首先要给自己定好位，即对自己毕业后要去干什么样的工作做到心中有数。当然也要了解这个专业所要学的课程以及学校开设此专业的主要方向。第二，选择了这个专业就要做好吃苦的准备。这个专业是医学、工科、理科的综合，所要学的专业基础课和专业课都比较多而且比较复杂，要想出去后有所作为就必须付出努力，英语（基础英语和专业英语词汇）必须要学好。

本科就业目前不太容易，但是前景还是很好的。毕竟任何一种专业的兴起都是有开始的，而且这个开始往往是需要很多前辈的付出和努力，建议最好考研。

四、专家提示

生物医学工程类专业在国内属于新兴学科，现在正处在发展阶段。由于本科学的东西比较杂，像生物、医学、电子、工科这些科目都要学，所以学得不精。但正因为是新兴学科所以很容易研究出科技成果。所以对立志在这方面发展的学生来说是个机会，毕竟国外的生物医学工程产业已经成熟了，并且很赚钱。相信这个专业将会有较好的发展前景。

五、院校推荐

排名	学校名称	等级	排名	学校名称	等级	排名	学校名称	等级
1	清华大学	5	8	天津大学	4	15	重庆大学	4
2	上海交通大学	5	9	北京航空航天大学	4	16	太原理工大学	4
3	西安交通大学	5	10	复旦大学	4	17	中山大学	4
4	东南大学	5	11	电子科技大学	4	18	山东大学	4
5	华中科技大学	5	12	北京理工大学	4	19	华南理工大学	4
6	四川大学	4	13	北京大学	4			
7	东北大学	4	14	南京大学	4			

食品科学与工程类

一、学科概述

食品科学与工程类专业包括：食品科学与工程、食品质量与安全、粮食工程、乳品工程、酿酒工程、葡萄与葡萄酒工程、食品营养与检验教育、烹饪与营养教育。

食品科学与工程类专业是从多角度研究“饮食”的一门学问，是研究食品的营养健康、工艺设计与社会生产以及食品的加工贮藏与食品安全卫生的学科。旨在培养能在各类食品企业从事食品工程设计、新产品开发（绿色、有机、功能性食品）、食品营养研究、食品质量检测、食品品质控制、技术管理、技术监督、食品机械设备管理、食品包装设计、食品贮藏管理、食品运输管理、企业经营管理、食品的科学研究和成果推广等方面的专业技术人才。

二、职业方向

【职业方向一】食品等轻工行业中的专业技术人员

对应专业：食品科学与工程、食品质量与安全、粮食工程、乳品工程、酿酒工程、葡萄与葡萄酒工程。

职业内涵：在各级食品卫生监督部门、食品企业的产品策划与设计部门、食品企业的安全质量与控制和管理部门、社区营养与食品安全服务部门、餐饮业的营养配餐部门及生物医药企业从事生产技术管理、品质控制、产品研发、产品生产、工程设计等工作。

职业发展：作为三大支柱产业之一的食品工业仍面临着人才严重短缺，特别是高层次人才远远不足的状况。据不完全统计，中国食品工业专业人才仅占职工总数的3%—4%，具有硕士、博士学位的食品科技人才更是奇缺。同时，全国各地食品人才不平衡，许多县级小厂甚至没有专门的食品技术人员。上述种种都与食品工业在经济总产值排名中的高地位极不相称。方便、速冻、保鲜、保健、微波、休闲、儿童、老年食品及健康饮料和调味品将风靡全球。食品行业的“大输血”为食品专业的发展指明了方向。与世界的接轨使我国食品市场与流通秩序面临着巨大的挑战，但也带来了历史性的机遇，就业前景非常乐观。

【职业方向二】酒水企业的酿酒工程师或调酒师

对应专业：酿酒工程、葡萄与葡萄酒工程。

职业内涵：在酒水企业从事新产品研发、工程设计、生产管理、质量控制、产品销售等工作。

职业发展：中国是酒的故乡，家有喜事、朋友聚会、招待客人等社交活动中，酒都是不可缺少的饮品。据业内人士分析，酒类市场需求在短时间内不会消失，加上国外“洋”酒的大量涌入，国内造酒企业的竞争会愈演愈烈，时尚、品位、健康、文化内涵逐渐成为酒品研发的趋势和重点。因此，对酿酒工程师的技术要求已经不仅仅停留在传统的酿酒工艺上，而且需要个性化、多样化的产品以满足个性化、多样化的需求，所以酿酒工程师的发展前景非常可观。酿酒工程专业的毕业生在以后较长一段时间内都有着乐观的就业前景。

【职业方向三】食品营养师或营养配餐师

对应专业：食品质量与安全、食品营养与检验教育、烹饪与营养教育。

职业内涵：在食品相关领域对人体的营养状况进行评价、管理和指导，对膳食营养进行评价、管理和指导，对食品及配方进行营养评价、营养知识的咨询与宣教等工作。

职业发展：目前我国越来越多的人都在减肥，各种减肥药、减肥方法成为肥胖人群关注的焦点。由于膳食不合理、营养失衡所引发的健康问题越来越受到人们的重视，聘请营养顾问成为现代人的消费新时尚。医院、学校、幼儿园、宾馆、饭店、运动队、食品企业、健身俱乐部、美容院、社区、养老院等都对营养师需求强烈。目前我国营养师不足4000人，而需求至少达到400万人。卫生部官员曾公开表示，中国现在非常缺乏营养师。根据《中国营养发展纲要》，今后只有医生和营养师才有资格推荐保健食品。随着社区建设的发展，每个社区都会配备营养师对居民进行健康干预，所以营养师的就业前景一片光明。

【其他职业方向】食品企业销售代表、食品药品监督管理部门质检工程师、食品包装及机械设备企业生产及销售人员等

三、专业体验

江南大学食品科学与工程专业谢某：

我觉得喜欢食品行业的人都可以学。这个专业要学的知识很多，化学、食品化学、食品工程原理、食品分析、食品工艺学、食品机械与设备、食品营养与卫生、食品生物化学、微生物学等，都是必修课程。还有一些选修课程，如食品焙烤、食品保藏、食品包装、食品工厂设计等。学食品有很多实验课程，你要是喜欢动手的话，那么食

品也是一个不错的选择。食品学院常常是满楼飘香，是最让人羡慕的院系。在大三分专业后，都会有相应的食品加工实验，如学习如何制作烤鸡、香肠、冰淇淋、酸奶、月饼等食品。

此类专业毕业生可在质检、产品研发、销售、生产、海关、质量监督、工商、税务等部门工作。女生一般做质检，男生一般做销售。工作好找但是工资相对不高。

四、专家提示

食品科学与工程类专业工作变化比较大，工作好找，但待遇一般。面对国际竞争和我国食品生产现代化水平不断提高的需要，在传统食品专业知识结构的基础上，强调融入现代食品开发和加工的理论与技术，绿色、有机、功能性食品越来越受到人们的欢迎。在校学习期间应注重创新能力和合作精神的培养，全面提高综合素质，以便获得较强的择业竞争能力和就业适应能力。

五、院校推荐

排名	学校名称	等级	排名	学校名称	等级	排名	学校名称	等级
1	江南大学	5	21	浙江工商大学	4	41	黑龙江八一农垦大学	4
2	中国农业大学	5	22	山东农业大学	4	42	河南科技大学	4
3	华南理工大学	5	23	沈阳农业大学	4	43	四川大学	4
4	中国海洋大学	5	24	哈尔滨商业大学	4	44	西华大学	4
5	南昌大学	5	25	河北农业大学	4	45	河南科技学院	4
6	东北农业大学	5	26	上海海洋大学	4	46	集美大学	4
7	南京农业大学	5	27	福建农林大学	4	47	齐齐哈尔大学	4
8	合肥工业大学	5	28	扬州大学	4	48	仲恺农业工程学院	4
9	浙江大学	5	29	郑州轻工业学院	4	49	陕西师范大学	4
10	西南大学	5	30	大连工业大学	4	50	广西大学	4
11	吉林大学	5	31	湖南农业大学	4	51	甘肃农业大学	4
12	河南工业大学	5	32	广东海洋大学	4	52	云南农业大学	4
13	华中农业大学	5	33	河南农业大学	4	53	北京农学院	4
14	西北农林科技大学	5	34	青岛农业大学	4	54	信阳农林学院	4
15	天津科技大学	5	35	南京财经大学	4	55	辽宁医学院	4
16	华南农业大学	5	36	华东理工大学	4	56	四川农业大学	4

续表

排名	学校名称	等级	排名	学校名称	等级	排名	学校名称	等级
17	江苏大学	4	37	海南大学	4	57	齐鲁工业大学	4
18	内蒙古农业大学	4	38	中南林业科技大学	4	58	暨南大学	4
19	吉林农业大学	4	39	渤海大学	4	59	贵州大学	4
20	武汉轻工大学	4	40	福州大学	4	60	石河子大学	4

建 筑 类

一、学科概述

建筑类专业包括：建筑学、城乡规划、风景园林、历史建筑保护工程。

建筑类专业是一门横跨工程技术、人文艺术，主要研究建筑及其环境的学科。建筑类专业主要是设计或参与设计建筑物的总的造型和内部主要结构，最终产品是施工图和施工方案。它不仅研究建筑物本身的建设，还要进行综合的布局规划，研究建筑平面和空间的组合，研究建筑立体面的处理，选择合适的材料结构形式，拟定声光热适宜的环境条件，进行室内外装饰设计等。建筑类专业主要培养具备建筑设计、城市设计、室内设计、市政设计、园林设计等方面的知识和专业技能，能在设计部门从事各项设计工作，在房地产部门从事建筑策划与管理工作的高级工程技术人才。

二、职业方向

【职业方向一】建筑设计

对应专业：建筑学、城乡规划、风景园林。

职业内涵：在各类建筑设计研究院、公司等从事建筑设计研究工作。

职业发展：建筑是人类生存发展的基本需求之一，它包括住宅、公寓、别墅、行政办公建筑、文化教育建筑、科研建筑、医疗建筑、商业建筑、观演建筑、体育建筑等。随着房地产行业建造技术水平的提高，新材料、新结构形式和新工艺将成为建筑业的发展趋势。建筑行业与国家经济发展、人民生活的改善密切相关，是拉动国民经济快速增长的重要力量，具有广阔的发展前景，因此国家对此类人才的需求将长期保持稳定的增长态势。

【职业方向二】城乡规划设计人员

对应专业：城乡规划、建筑学、风景园林。

职业内涵：在城市规划院、建筑设计院、风景园林设计院等单位从事城市规划设计、乡村规划设计、区域项目规划设计及研究工作。

职业发展：当今中国正处在高速发展阶段，许多城市都面临大规模的城市新区开发、旧城改造、配套环境和景观建设等问题。城市化脚步的加快、城乡一体化的发展、新农村建设等都离不开规划人才。从规划工作的范畴来看，城乡规划的项目和方向包括：城乡整体规划、详细规划、居住区规划设计、公共中心规划设计、旅游风景区规划设计、历史文物古迹保护规划设计等。具体来说，大到一个城市，小到一块儿绿地，都可以说是城市规划的范畴。未来高层次的城乡规划专业人才有着巨大的发展潜力和发展空间。

【职业方向三】景观、景区的设计及管理人员

对应专业：风景园林、建筑学。

职业内涵：在建筑行业、园林公司、园林设计单位，从事园林景观的施工和设计工作。

职业发展：随着人们生活质量、生活水平的不断提高，不仅房地产开发企业在市场竞争中竞相打起了"绿化牌""景观牌""生态环境牌"，一些企事业单位也越来越注重环境景观设计。当今世界城市化和花卉产业的兴起，更促进了园林事业的发展。风景园林专业是培养适应未来城市环境美化要求所需人才的专业。随着经济的发展和人们对精神生活要求的提高，社会对此类人才的需求越来越多，要求也越来越高。风景园林是朝阳行业，就业形势会越来越好。

【职业方向四】工程咨询人员

对应专业：本学科所有专业。

职业内涵：受投资集团的聘用或委派，从事工程咨询并在大型工程建设领域进行监督及质量控制等方面的专业技术人员。

职业发展：近年来，随着社会经济的进步及体制改革的深化，大型工程建设领域将会引入大量的社会资本，比如风险投资公司、开发银行等金融机构将参与基础工程建设，并进行市场化运作，以加快基本建设工程的建设速度。因此，一些大型的风险投资公司或者开发银行等金融投资机构，也会聘用大量的工程类技术人员，这也将是本学科专业毕业生一个很好的去向。

【其他职业方向】建筑绘图员、建筑技术员、工程管理人员等

三、专业体验

西安建筑科技大学建筑学专业关某：

到现在为止，我仍然觉得建筑学专业是一个不错的专业。将来的就业主要有两个大方向——工程施工和建筑建设。

建筑施工很注重实践，所以从事这项工作的人必须特别能吃苦耐劳，责任心非常强。只要你慢慢干下去，积累经验，考证之后就可以担任更高层次的工作，干得好的话前途是很不错的。

建筑建设一般是进入设计院工作，做设计的特点是高薪，但职位的提升空间不大，

平时就是在办公室里画图，一有工作来的话很可能就是加班加点。

大一大二时期主要还是学公共课，有点专业关系的课程有大学物理、土木工程材料、理论力学、材料力学、画法几何（建筑制图）、计算机画图（CAD）。公共课都不难，有难度的主要是高数、力学。大三就是专业课了，主要是力学、房屋建筑、施工之类的课程。

四、专家提示

建筑类专业的学习涉及画图，所以一般招生都要求有美术功底，而且录取分数线会高于院校最低录取分很多，均为相关高校的热门专业。建筑学和城乡规划专业本科一般是五年。另外，想学建筑学的同学一定要做好吃苦的准备，因为熬夜做设计是“家常便饭”。

五、院校推荐

排名	学校名称	等级	排名	学校名称	等级	排名	学校名称	等级
1	同济大学	5	21	北京工业大学	4	41	华中农业大学	4
2	清华大学	5	22	四川农业大学	4	42	南京工业大学	4
3	东南大学	5	23	长安大学	4	43	海南大学	4
4	天津大学	5	24	北京建筑大学	4	44	安徽建筑大学	4
5	西安建筑科技大学	5	25	北方工业大学	4	45	南京农业大学	4
6	重庆大学	5	26	上海交通大学	4	46	东北农业大学	4
7	西南交通大学	5	27	东北林业大学	4	47	东北大学	4
8	北京交通大学	5	28	山东建筑大学	4	48	西北大学	4
9	华南理工大学	5	29	苏州科技学院	4	49	西藏大学	4
10	哈尔滨工业大学	5	30	青岛理工大学	4	50	桂林理工大学	4
11	浙江大学	5	31	河北工业大学	4	51	济南大学	4
12	华中科技大学	5	32	太原理工大学	4	52	河北农业大学	4
13	湖南大学	5	33	合肥工业大学	4	53	北京大学	4
14	四川大学	5	34	广州大学	4	54	吉林建筑大学	4
15	大连理工大学	5	35	南京林业大学	4	55	华侨大学	4
16	北京林业大学	4	36	深圳大学	4	56	南华大学	4
17	武汉大学	4	37	昆明理工大学	4	57	浙江农林大学	4

续表

排名	学校名称	等级	排名	学校名称	等级	排名	学校名称	等级
18	南京大学	4	38	厦门大学	4	58	西安交通大学	4
19	沈阳建筑大学	4	39	郑州大学	4	59	上海大学	4
20	中南大学	4	40	福州大学	4			

生物工程类

一、学科概述

生物工程类专业包括：生物工程、生物制药。

生物工程类专业是以生命科学及工程学为基础，被广泛应用于功能食品开发、生物制药、中药现代化、农产品科学利用等领域的一门学科。生物工程学主要研究发酵工程、微生物工程、细胞工程、基因工程、生化反应及催化工程、生物分离工程等现代生物工程技术及产品开发。毕业生可在制药、发酵、环保、饮料副食等部门从事产品性能分析、设计、管理及新产品开发等工作。

二、职业方向

【职业方向一】研发人员或技术员

对应专业：本学科所有专业。

职业内涵：在医药、化工、食品、环境等行业的企事业单位负责技术或研发工作。

职业发展：国家“十三五”发展规划中把生物技术、海洋生物医药作为新兴产业加以重点发展，还把合成生物作为战略产业加以重点培育。近年来，功能食品、生物制造、生物能源、生物环保等一批新兴产业正在快速形成，有望成为高新技术领域的支柱产业和国民经济的主导产业。但现阶段的生物工程成果还侧重在实验室，和现实生产存在一定距离，产业化还需要一定实践。

【职业方向二】企业销售、管理人员

对应专业：本学科所有专业。

职业内涵：在生物制剂、食品添加剂、生物器材等企业做销售、管理工作。

职业发展：销售、质检、管理类职位的门槛不高，但需要较强的交际能力和良好的语言表达能力以及持之以恒的信念。与其他职业相比，销售、管理岗位更能锻炼、考验一个人。对于生物工程类的本科生来说，进入食品生产厂、酒厂、大型日化公司、生物制剂、生物器材等产品的企业做销售，并且坚持下来，那么他的待遇足以让很多人羡慕。

【职业方向三】教师

对应专业：本学科所有专业。

职业内涵：大中专院校及中学生物学科教师。

职业发展：目前的很多大学都转向综合性大学，求多求全，因此对生物学教师的需求也有一定的增加，但同时高校对学历的要求也在提高。另外，该类专业的同学也可以进军中学教育。生物虽是小科，但是在理综中不可缺少，中学对生物教师还是有一定需求的。非师范类毕业生要及时考取教师资格证。

【其他职业方向】生物医学工程师、食品科学技术员、生物技术员、文职人员

三、专业体验

大连理工大学生物工程专业胡某：

生物工程专业是前沿科学，它将实验室的技术转化为生产力，应用领域非常广泛。

毕业后进入专业对口的生物公司是少数人，大部分毕业生进入了需要生物背景的相关企业，如食品企业、制药企业、饮料公司、酿酒及调料企业化工公司、能源企业、自来水公司等。考研是生物工程本科毕业生的又一去向，毕业后可以去科研机构或公司进行研发工作；再有可以出国深造，国外生物工程产业比较发达，就业形势较好。

我国生物工程技术还处在初步发展阶段，但国家已经把生物产业纳入高新技术产业，发展前景较好。

四、专家提示

本类专业本科毕业工作形势不是很乐观。虽说生物是21世纪最受人瞩目的学科，但是目前我国生物学科的春天还没有到来，没有形成规模化生产，产业规模小，技术革新缓慢，缺乏创新产品，这些都影响到了就业。而且通过查阅国内知名生物企业的招聘广告不难发现，他们大多要求毕业生具备硕士或博士学历，所以最好继续深造。

五、院校推荐

排名	学校名称	等级	排名	学校名称	等级	排名	学校名称	等级
1	浙江大学	5	19	南京工业大学	4	37	四川农业大学	4
2	上海交通大学	5	20	东华大学	4	38	大连理工大学	4
3	江南大学	5	21	沈阳药科大学	4	39	河南大学	4
4	华中农业大学	5	22	湖南农业大学	4	40	北京航空航天大学	4
5	中国农业大学	5	23	南京中医药大学	4	41	中国海洋大学	4

续表

排名	学校名称	等级	排名	学校名称	等级	排名	学校名称	等级
6	吉林大学	5	24	山东大学	4	42	大连工业大学	4
7	厦门大学	5	25	广西大学	4	43	山东农业大学	4
8	西安交通大学	5	26	南昌大学	4	44	上海大学	4
9	中国药科大学	5	27	聊城大学	4	45	贵州大学	4
10	华东理工大学	5	28	西南交通大学	4	46	南通大学	4
11	西北农林科技大学	5	29	华中科技大学	4	47	山西医科大学	4
12	天津大学	5	30	北京联合大学	4	48	浙江理工大学	4
13	天津科技大学	5	31	重庆大学	4	49	中南大学	4
14	东南大学	5	32	苏州大学	4	50	河南中医学院	4
15	四川大学	4	33	北京工商大学	4	51	武汉生物工程学院	4
16	华南理工大学	4	34	哈尔滨商业大学	4	52	北京化工大学	4
17	中山大学	4	35	石家庄学院	4	53	滨州医学院	4
18	武汉大学	4	36	浙江工业大学	4	54	河南农业大学	4

公安技术类

一、学科概述

公安技术类专业包括：刑事科学技术、消防工程、交通管理工程、安全防范工程、公安视听技术、抢险救援指挥与技术、火灾勘查、网络安全与执法、核生化消防。

公安技术是一门高度综合的现代技术，涉及许多学科门类。本学科简单地说就是调动各种力量，集合各种资源，运用各种手段保护公共安全。学生主要学习刑事、消防、救援方面的知识，接受图像技术鉴定、网络侦查等方面的训练。毕业生多担任公安系统、国家安全系统的技术性岗位。

二、职业方向

【职业方向一】公安系统技术人员

对应专业：本学科所有专业。

职业内涵：为公安部门中的刑事侦查、消防、安全及交通管理等方面提供工程技术支持的专业人员。

就业趋势：该行业属于政府公共服务业，有着持久的需求量，一般都需要报考公务员，成为国家工作人员。毕业生主要去向是公安系统。公安技术类专业学生有自己独特的优势：一方面是有些单位会对口招生，比如公安系统、国家安全系统每年定向招录公安技术类专业学生；另一方面是面试的时候优先考虑公安技术类专业学生，因为公安技术类专业学生是按特色培养模式造就的，毕业后入职自然更适合做公安系统的工作。

【职业方向二】大型企事业单位安保技术人员

对应专业：本学科所有专业。

职业内涵：为大型企事业单位的消防、安全、网络及交通管理等方面提供技术支持的专业人员。

就业趋势：大型的企事业单位都有自己的安保系统，这也成为公安技术专业学生的去向之一。公安技术专业学生在读期间会学习到详细的安全防范、网络信息管理等专业知识，能够胜任安保系统的领导工作及执行工作，通常经过两三年的工作之后会成为该单位安保系统骨干及负责人。

【职业方向三】法官或检察官

对应专业：本学科所有专业。

职业内涵：在法院、检察院系统从事司法工作。

就业趋势：公安技术专业学生还可以去法检系统从事司法工作，所以在校期间最好通过司法考试，为将来在司法领域的顺利就业做好准备。

【其他职业方向】大型企业安全保卫人员、法院或检察院司法辅助人员、公安系统教育培训人员等

三、专业体验

中国人民武装警察部队学院消防工程专业刘某：

全国只有17个高等院校有消防工程这个专业，所以一年毕业生的数量也是屈指可数的。现代消防对建筑行业非常重要，说消防是冷门的人肯定不是搞消防的人。直白一点讲，就业就三个方向：一是进入消防警队（武警消防总队），属于公务员，这个每年公安部都有计划；二是进入消防工程公司；三是在一些大型企事业单位的安全保卫部门从事消防安全管理工作。

四、专家提示

公安技术类专业就业领域较窄，如果以后想更换专业在新的领域就业要从零开始。但是，随着我国城镇化水平的提高，对维护公共安全人员的需求会越来越多，所以该类专业未来发展有一定的优势。

该类专业对考生的身体素质要求较高，对身高也有要求，一般男生不低于1.70米，女生不低于1.60米，女生的录取比例不超过20%。在校期间，实行军事化或半军事化管理，统一着人民警察服装。

五、院校推荐

排名	学校名称	等级	排名	学校名称	等级	排名	学校名称	等级
1	中南大学	5	4	中国人民武装警察部队学院	4	7	浙江警察学院	4
2	西南交通大学	4	5	中国刑事警察学院	4			
3	中国人民公安大学	4	6	江苏警官学院	4			

植物生产类

一、学科概述

植物生产类专业包括：农学、园艺、植物保护、植物科学与技术、种子科学与工程、设施农业科学与工程、茶学、烟草、应用生物科学、农艺教育、园艺教育。

植物生产类学科以应用生物学为基础，是多学科在植物生产这一过程中高度集成的一门学科。它综合地看待植物生产中的各种关系，以取得植物生产的经济、社会、生态效益。随着农业科技创新的不断推进以及生物技术、信息技术、新材料在农业中的广泛应用，植物生产类学科已不是单独的学科，已经向食品、生物化学、医药等方面渗透。毕业生可在农业生产领域相关部门从事农业研究、生产、实验、技术管理等方面的工作。

二、职业方向

【职业方向一】农业生产研究、技术管理人员

对应专业：本学科所有专业。

职业内涵：在农业企事业单位或园林、轻工等系统从事农作物生产研究及技术开发等专业工作。

职业发展：国家“十三五”发展规划指出：增强农产品安全保障能力，确保谷物基本自给、口粮绝对安全，提高农产品综合生产能力和质量安全水平，形成保障更加有力的农产品有效供给。

近年来随着农村经济的持续发展，我国的农业生产第一线急需科技人才。农业是国民经济的基础产业，对人才的需求有着持久且大量的需求，这让植物生产类专业毕业生大有用武之地。但由于体制的原因，农业类企业发展时间较短，国家现在对涉农行业的支持力度越来越大，因此，农学类专业表现出相当好的就业形势。

【职业方向二】园艺作物生产、设计、管理人员

对应专业：园艺专业、农艺艺术教育、园艺教育专业、设施农业科学与工程专业。

职业内涵：在园林、园艺产业公司及农业旅游企业从事园艺作物的生产、栽培、育种、经营、管理及庭园绿化设计与施工工作。

职业发展：随着经济的发展及人们生活水平的提高，环境的景观要求日益突出。

这就对园林建设、设施农业公司及农业旅游企业等单位等提出了更高的要求。因此园艺生产、开发、管理类人才的需求将会大量增加。

【职业方向三】茶、烟草等行业的设计、推广、开发、经营、管理等工作人员。

对应专业：茶学、烟草。

职业内涵：在农业、工业、商贸企业从事有关技术和经营管理工作。

职业发展：茶学和烟草是农学类专业里就业形势最为乐观的两类，虽然开设的学校少、就业面窄，但绝对是最为抢手的专业。随着人们对健康的重视程度越来越高，茶成了饮料市场的新贵，茶保健风靡世界。我国是烟草大国，对烟草行业人才的需求愈来愈大，在农业学院里，该专业的就业率一直名列前茅，甚至位列第一。

【其他职业方向】大型农业公司工程师，旅游景点景观美化和场地维护员，中小学生物教师，政府食药、环保等行政管理部门公务员

三、专业体验

南京农业大学园艺专业李某：

我是园艺专业毕业的，现在在园林公司上班。下面我主要说一下园艺专业的就业方向：

第一，到园林绿化企业工作。目前园林绿化、景观设计对人才的需求还是比较大的，但是一般都要求既懂植物种植，又懂设计、施工、预结算的综合性人才。因此可以从基层做起逐步成为全面的人才。

第二，到花卉公司工作。目前全国各地的花卉企业很多，云南昆明、广东佛山等地比较集中。可以先到花卉企业就业，有一定的行业经验后慢慢择业。

第三，有园林绿化企业或花卉公司从业经验者，可以考虑自主创业。目前花卉园艺行业的创业门槛还是比较低的，我认识做花卉的朋友基本是打几年工后自己做老板。

植物生产类专业有很多优势：首先植物生产类专业学起来没有工科那么难；再者植物生产类专业考研比较容易，大家可以考研深造，逐渐向农业高新人才靠近；再者，植物生产类专业学费也很低，可以帮助家庭减轻负担。

四、专家提示

近年来随着农村经济的持续发展，我国农业生产第一线急需科技人才。这让植物生产类专业毕业生大有用武之地。国家现在对涉农行业的支持力度越来越大，在这个领域创业，是一个不错的选择。

植物生产类专业毕业生就业与学校的地域性关系很大，也与当地农业经济的发展有关。其次是与农业相关的食品业、乳业等也越来越受到人们的重视，因此作为上游

的农业生产企业需要更多的高级管理人才。本科生需要考研继续深造。

五、院校推荐

排名	学校名称	等级	排名	学校名称	等级	排名	学校名称	等级
1	南京农业大学	5	10	福建农林大学	4	19	吉林农业大学	4
2	中国农业大学	5	11	四川农业大学	4	20	石河子大学	4
3	华中农业大学	5	12	沈阳农业大学	4	21	广西大学	4
4	西北农林科技大学	5	13	海南大学	4	22	青海大学	4
5	华南农业大学	5	14	扬州大学	4	23	云南农业大学	4
6	浙江大学	5	15	贵州大学	4	24	河北农业大学	4
7	河南农业大学	5	16	西南大学	4	25	山西农业大学	4
8	山东农业大学	4	17	安徽农业大学	4	26	新疆农业大学	4
9	湖南农业大学	4	18	东北农业大学	4			

自然保护与环境生态类

一、学科概述

自然保护与环境生态类专业包括：资源与环境、野生动物与自然保护区管理、水土保持与荒漠化防治。

由于我国西部部分地区过度砍伐、放牧，造成了严重的水土流失，野生动物、植物的生存空间越来越小。自然保护与环境生态学科的任务主要是针对这些问题，在经济发展与生态环境改善之间寻找一个最佳平衡方案。自然保护与环境生态类是涉及多领域的交叉学科，是适应农、牧、林、水、土地资源管理等行业生产建设需要，研究资源利用、生态保护与建设的一门学科。毕业生主要到农业、土地、环保、农业资源等部门或单位从事农业资源管理及利用、农业环境保护、生态农业、资源遥感与信息技术的教学、科研、管理等工作。

二、职业方向

【职业方向一】野生动物与自然保护区管理人员

对应专业：野生动物与自然保护区管理。

职业内涵：在野生动物科研院所、国家海关和边境口岸、自然保护区、动物园从事野生动物保护、管理工作。

职业发展：近年来，国家对濒危野生动物建立了救护繁育中心和基因库，还强化了野生动物进出口管理，严防外来有害物种入侵。随着国家实施濒危野生动物抢救性保护工程的推进，以及各地海洋馆、野生动物观光游览区的建立，这方面人才需求将会逐渐增多。

【职业方向二】农业与土地行业管理、环保人员

对应专业：农业资源与环境专业。

职业内涵：在农业、土地等部门或企业从事农业资源管理及利用、农业环境保护和生态农业的技术、管理等工作。

职业发展：农业是国民经济的基础，近年来国家对涉农行业的支持力度越来越大，农村经济持续发展，推进了现代农业生产体系、经营体系的构建，故而最近几年，农业人才表现出相当好的就业形势。从前景来看，近几年，国家开始大力促进人与自然

和谐共生，有度有序利用自然，构建科学合理的生态安全格局，农业资源与环境专业人才将需求旺盛，有着较好的发展空间。

【职业方向三】水土保持与荒漠化防治技术管理人员

对应专业：水土保持与荒漠化防治专业。

职业内涵：在国土资源、水利、农业、林业、环境保护等部门从事水土保持与荒漠化防治的规划、设计、施工及森林生态环境建设工作。

职业发展：新中国成立以来，党和国家非常重视水土保持与荒漠化防治工作，大力实施山水林田湖生态保护和修复工程，构建生态廊道和生物多样性保护网络，全面提升森林、河湖、湿地、草原、海洋等自然生态系统稳定性和生态服务功能。随着国家对这方面投入力度的加大，这方面的人才需求将越来要多。

【其他职业方向】城市规划工程师、景观美化和场地维护员、交通建设公司植被设计工程师等

三、专业体验

东北林业大学野生动物与自然保护区管理专业方某：

自然保护与环境生态类学科培养的是设计和管理方面的人才。大家不要看到这个自然保护与环境生态类学科名称就单纯地认为它是教学生怎么种树种草，怎么和土地打交道的。其实，这个自然保护与环境生态类学科的学生也可进入设计院做水土保持的规划设计工作。比如，修建一条高速公路，需要开挖大面积的土地，地面植被遭到破坏，易造成水土流失和山体滑坡，这时就需要自然保护与环境生态类学科专业的人才来设计水土保持的工程措施和生物措施，保持水土、降低危害。

我们这个专业主要学习保护生物学、野生动植物保护与利用、动物遗传育种与繁殖、预防兽医学、自然保护区资源管理方面的基本理论和基本知识，受到显微制片技术、动物解剖、生物化学分析、饲料营养成分分析、自然保护区规划、动植物检疫方面的基本训练，具有野生动物资源调查与评价、野生动物产品鉴定与开发利用、经营管理的基本能力。

大多数野生动物自然保护区的经济都不发达，工作地点可能远离城市，条件会比较艰苦，只有极少数具有国际知名度的个别保护区才比较好（如卧龙、盐城），但是那样的地方有很多人想去，而编制有限。对于有志于从事野生动物保护这一事业的人来说，要综合考虑。

四、专家提示

国家“十三五”发展规划指出：开展大规模国土绿化行动，扩大退耕还林还草，

加强草原保护，实施山水林田湖生态保护和修复工程，推进荒漠化、石漠化、水土流失综合治理，促进人与自然和谐共生。

今后数年内，我们党和国家将更加重视生态问题，本学科也将因其巨大的实用价值而走俏。自然保护与环境生态类学科具有与国家生态环境建设密切结合的优势，就业前景广阔。

本学科所要求的科目较多，学科交叉，专业性强，学科枯燥，具有鲜明的宽口径与广基础性，想要学好学精必须投入大量精力。建议本科毕业后继续深造，争取在自然环境、野生动物保护的科研院所工作。

五、院校推荐

排名	学校名称	等级	排名	学校名称	等级	排名	学校名称	等级
1	南京农业大学	5	5	北京林业大学	4	9	贵州大学	4
2	浙江大学	5	6	东北林业大学	4	10	华中农业大学	4
3	西北农林科技大学	4	7	西南大学	4			
4	内蒙古农业大学	4	8	四川农业大学	4			

动物生产类

一、学科概述

动物生产类专业包括：动物科学、蚕学、蜂学。

动物生产类是由动物学衍生出来的，主要涉及农业中的畜牧业。它是以生物化学、免疫学、医学、生物物理学等学科为基础的关于动物生理、生产及动物营养与饲料等方面的一门科学。研究的内容涉及动物生理、畜禽饲养管理、饲料生产与经营、畜禽良种选育及繁殖、畜牧业经营管理等方面的基本理论与技术。学生毕业后可以到农业部、国家检疫局等各级部委及相关机构、国内外著名上市公司、高等院校、科研院所、生产企业从事管理、教学、科研和产品开发等工作。

二、职业方向

【职业方向一】畜禽、水产及产品加工企业工程师

对应专业：本学科所有专业。

职业内涵：在畜禽、水产生产及产品加工企业从事技术管理和服务工作。

职业发展：国家“十三五”发展规划中指出：分区域推进现代草业和草食畜牧业发展，提高畜禽、水产标准化规模化养殖水平，促进奶业优质安全发展。因此，随着畜禽、水产标准化规模化养殖的快速发展，相关领域食品深加工企业也迅速发展，并成为农业产业化的标志，较大程度上满足了广大人民日益增长的肉、禽、蛋、奶等动物性食品需求。正是社会和畜禽、水产业的发展奠定了动物科学的基础，因此动物生产类专业人才的需求量必将会越来越大。

【职业方向二】畜禽、水产行业研究员

对应专业：本学科所有专业。

职业内涵：在畜禽、水产科研部门从事理论研究或技术工作。

职业发展：随着社会和科技的进步，动物生产类学科的研究范围在逐步扩大，从畜牧业已经发展到了水产动物、伴侣动物、观赏动物、珍禽异兽等各个方面；在研究深度上已从动物整体水平、细胞水平和亚细胞水平深入到分子水平，使人们可以在基因水平上认识动物遗传、发育、繁殖、代谢的规律。克隆技术、转基因动物的成功使动物科学有了突破性发展，必将推动动物生产类专业的较快发展。但要想进入科研院

所，首先要过学历这一关。

【职业方向三】畜禽、水产饲料企业销售、管理人员

对应专业：本学科所有专业。

职业内涵：在畜禽、水产饲料企业从事销售、管理工作。

职业发展：销售类职位的门槛比较低，沟通能力、耐心和毅力是必备的素质。如果在销售岗位上立足三年以上，那么就可以转到管理岗位上。同时，与其他职业相比，销售、管理具有更广阔的成长空间，能迅速提升一个人的能力。对于生物科学类专业的毕业生来说，进入畜禽、水产饲料企业做销售、管理也是一条可以选择的道路。

【其他职业方向】食品生产企业检验检疫员，大型畜禽、水产养殖企业兽医，中小学生物教师，蜜蜂、蚕等特种养殖及产品加工企业技术人员

三、专业体验

华中农业大学动物科学专业李某：

我觉得动物科学是一门很有发展前景的学科！动物科学是以生物学为基础，在认识和掌握动物繁殖、生产规律的基础上，为人类提供质优量多的动物产品以满足人们的多种需求。

学习的内容非常广泛，如各种动物的养殖（包括养牛、养羊、养鹅、养观赏鱼等）、动物营养、遗传、繁殖、兽医学、牧草学、生态学、农业机械、农区规划、肉制品加工和绿色食品的生产等。不仅能吃到自己亲手制作的火腿肠，还能喝到自己挤出的牛奶，甚至亲自动手接生一只小羊。无论在哪个大学首先要好好学习，把提高综合技术水平作为学习的重点。运用书本所学知识帮助农户解决实际困难是一件令人愉快的事情。

我们动物科学专业学生可以从事的行业非常广泛，既可以到畜禽、水产及产品加工企业，畜禽、水产饲料企业工作，也可以到畜禽、水产科研部门，畜牧管理部门，大学和中学等行政、事业管理部门工作。这个专业最好的发展就是考研，毕业后在畜禽、水产科研部门就业是最佳选择。

四、专家提示

动物生产类专业所涉及的学科和知识范围很广，远超出动物学范畴。本类专业所学习的科目较多，课业较重，想要学好、学精必须投入大量精力。根据社会发展和畜牧水产业发展的需要，在校学习期间，不但要重视理论知识学习，更要强化自己的实验和实践水平，提高动手能力、实践能力、科学研究能力，从而提高运用所学知识综合分析解决畜禽、水产行业及企业发展问题的能力。

五、院校推荐

排名	学校名称	等级	排名	学校名称	等级	排名	学校名称	等级
1	中国农业大学	5	6	四川农业大学	4	11	内蒙古农业大学	4
2	华中农业大学	5	7	东北农业大学	4	12	河北农业大学	4
3	西南大学	5	8	扬州大学	4	13	山西农业大学	4
4	浙江大学	5	9	南京农业大学	4	14	吉林大学	4
5	西北农林科技大学	4	10	广西大学	4	15	华南农业大学	4

动物医学类

一、学科概述

动物医学类专业包括：动物医学、动物药学、动植物检疫。

动物医学专业通俗来说，就是培养“兽医”的专业。它是以生物学为基础，研究动物（包括家禽、家庭宠物、野生动物等）疾病的发生发展规律，并在此基础上对疾病进行诊断和防治，以药物技术保障动物健康的综合性学科。动物医学类专业的基本任务是有效地防治畜禽、水产、医学实验动物及其他观赏动物疾病的发生。毕业生可以在兽医业务部门、动物生产单位及有关部门从事兽医、防疫检疫、教学、科学研究等工作。

二、职业方向

【职业方向一】畜禽、水产养殖、饲料、医药、食品企业技术人员

对应专业：动物医学、动物药学。

职业内涵：在畜禽、水产养殖、饲料、医药、食品企业从事技术管理工作。

职业发展：国家“十三五”发展规划中指出：分区域推进现代草业和草食畜牧业发展，提高畜禽、水产标准化规模化养殖水平，促进奶业优质安全发展。随着人民生活水平的提高，老百姓对动物性食品的需求量逐年增多，肉蛋奶成为人们必不可缺的食材。随着养殖和加工行业的迅速发展壮大，相关行业对动物医学类专业人才的需求量将会越来越大。

【职业方向二】动物医生

对应专业：动物医学。

职业内涵：在动物园、动物研究所及动物医院等机构为各类动物提供医疗及保健服务工作。

职业发展：随着社会的发展，动物医学不再局限于畜牧业，公共卫生事业、社会预防医学、观赏动物的医疗保健及食品卫生等都和动物医学有着紧密的联系。“宠物健康护理员”主要负责宠物的饲养及疾病预防、日常护理、管理与美容，并救护伤病宠物、病期护理、术后恢复。动物是人类的朋友，动物的生命一样珍贵，在人们越来越重视人与自然和谐相处的今天，保护动物的生存是文明社会的需要。因此，此类专业

人员将有着非常广阔的就业需求。

【职业方向三】动植物检疫员

对应专业：动物医学、动植物检疫。

职业内涵：在卫生、海关、畜牧检疫、商品检验、环保等行政、事业单位从事动植物检疫工作。

职业发展：随着工农业的发展，中国的食品安全面临着极大的考验。所以，对乳、肉、皮毛、蛋等畜禽产品的卫生检验工作就显得尤为重要。在提倡回归自然、信奉绿色有机的今天，更需要检验这一工作。因此该类职业有较大的发展前景。

【其他职业方向】食品生产企业检验检疫员，大型畜禽、水产养殖企业兽医，中小学生物教师等

三、专业体验

中国农业大学动物医学专业邵某：

动物医学的正规教育，在全国来说基数很小，所以动物医学类专业还是很有前途的。人最后总是要就业的，所以在课余时间应该多到农场或养殖场看看基层的环境，多到实验室干点活儿，最好能参加一个项目。就业前景还可以，包括农垦集团在内的很多知名农企提供了很多就业机会，只要是愿意做和本专业相关的职业都可以找到工作。所以，我们动物医学类专业学生就业态势稳定，渠道也更多元，而且动物医学研究领域的扩展给动物医学专业带来了新的发展机遇。随着社会的发展，动物医学的基本任务已经发展为有效地防治畜禽和其他观赏动物疾病的发生。在北京等大中城市，养宠物的人越来越多，宠物医疗保健行业逐渐热起来，社会的巨大需求给这个专业带来了较好的发展前景。

四、专家提示

与其他医学类专业类似，动物医学首先要学习基础生物学和医学理论，然后通过大量解剖实验强化学生对理论的理解。有一年左右的临床实习期。大多数该专业本科生会选择考研继续深造。

五、院校推荐

排名	学校名称	等级	排名	学校名称	等级	排名	学校名称	等级
1	中国农业大学	5	6	吉林大学	4	11	广西大学	4

续表

排名	学校名称	等级	排名	学校名称	等级	排名	学校名称	等级
2	南京农业大学	5	7	东北农业大学	4	12	河南农业大学	4
3	西北农林科技大学	5	8	四川农业大学	4	13	西南大学	4
4	华南农业大学	4	9	华中农业大学	4	14	吉林农业大学	4
5	扬州大学	4	10	浙江大学	4	15	内蒙古农业大学	4

林　学　类

一、学科概述

林学类专业包括：林学、园林、森林保护。

林学是研究森林的形成、发展、管理以及资源再生和保护利用的理论与技术的科学，属于自然科学范畴。它是在其他自然学科发展的基础上，形成和发展起来的综合性应用学科。林学类的主要研究方向为：森林培育、森林资源保护、森林生态环境建设、城镇绿化、园林规划设计、野生植物资源开发利用等。毕业生可在园林、林业、农业环保、木材、旅游等相关部门，从事林木遗传育种、森林调查规划设计、森林资源经营管理、森林病虫鼠害防治、木材加工利用、城市园林绿化、公园经营管理等方面的生产、行政管理和教学与科研工作。

二、职业方向

【职业方向一】森林培育、管理工程师

对应专业：林学、森林保护。

职业内涵：在农业、林业等大中型企业从事技术指导工作。

职业发展：国家“十三五”发展规划指出：加强林业重点工程建设，完善天然林保护制度，全面停止天然林商业性采伐，保护培育森林生态系统；发挥国有林区林场在绿化国土中的带动作用，引导社会资金投入植树造林。我国林业资源丰富，但大多数偏远山区林业资源得不到有效保护与开发，在今后西部大开发及东北老工业基地振兴中，林学专业、森林保护专业毕业生可在林业、农业等大中型企业从事森林培育、森林资源保护、森林生态环境建设等工作。

【职业方向二】园林景观工程师

对应专业：园林。

职业内涵：在园林企事业单位从事园林绿地、建筑规划和设计工作。

职业发展：中国传统园林以其自然天成的形式、深厚的文化底蕴和博大精深的艺术独树一帜。与世界园林相比，中国园林事业整体起步较晚，但毕业生有着广泛的就业领域。

【职业方向三】森林资源经营管理、森林旅游管理人员

对应专业：林学、森林保护。

职业内涵：在森林资源等相关领域做规划、管理工作。

职业发展：生态旅游是旅游业一个非常重要的组成部分，自然保护区内的游览将有着非常广阔的发展前景，其对各类管理人才的需求也有着长期稳定的增长。对于园林学专业的毕业生来说，从事这方面工作，除了学好本专业外，还需要学习市场营销、工商管理方面的知识，多参加社会实践及学生社团组织，以提高自己的组织管理及人际交往能力。

【其他职业方向】城市规划工程师，景观美化和场地维护员，交通建设公司植被设计工程师，农业、林业等行政事业单位的公务员以及科研人员

三、专业体验

东北林业大学林学专业柳某：

很多学林学的同学在一开始学的时候就丧失了信心。其实大可不必，既然高校设立了林学专业说明这个专业还是有用的，与其讨厌还不如安下心来好好学习。国家现在大力扶持农林专业说明国家很重视这方面的人才。如果大家好好学习林学，掌握过硬的技术，相信未来一定可以大展宏图。

林学有很多优势：首先，林学学起来没有工科那么难；其次，林学专业考研比较容易，大家可以考研深造，逐渐向林业高新人才靠近；再次，林学学费也很低，可以帮助家庭减轻负担。

四、专家提示

林学类专业所涉及的学科和知识范围很广，远超出林业范畴，想要学好学精必须投入大量精力。我国的林业生产第一线急需科技人才，在解决如何将知识转化为生产力以发展我国的农林经济问题上，林学类专业的毕业生具有可观的用武之地。

五、院校推荐

排名	学校名称	等级	排名	学校名称	等级	排名	学校名称	等级
1	北京林业大学	5	10	华中农业大学	4	19	河南农业大学	4
2	东北林业大学	5	11	浙江农林大学	4	20	安徽农业大学	4
3	南京林业大学	5	12	广西大学	4	21	华南农业大学	4

续表

排名	学校名称	等级	排名	学校名称	等级	排名	学校名称	等级
4	西北农林科技大学	5	13	内蒙古农业大学	4	22	北华大学	4
5	四川农业大学	5	14	河北农业大学	4	23	沈阳农业大学	4
6	中南林业科技大学	5	15	西南林业大学	4	24	新疆农业大学	4
7	中国农业大学	5	16	江西农业大学	4	25	山西农业大学	4
8	福建农林大学	4	17	山东农业大学	4	26	西南大学	4
9	贵州大学	4	18	浙江大学	4			

水　产　类

一、学科概述

水产类专业包括：水产养殖学、海洋渔业科学与技术、水族科学与技术。

水产类专业是研究水产动物、植物养殖的学科，即研究水产品养殖技术理论的学科门类。主要学习鱼虾、贝类、海藻、观赏鱼类等养殖技巧，掌握水产品常见病的预防和治疗。毕业生可在水产养殖、水产品加工方向企业从事技术应用推广、生产经营、管理等工作。

二、职业方向

【职业方向一】水产养殖、加工领域生产、技术、管理人员

对应专业：水产养殖学、海洋渔业科学与技术。

职业内涵：在水产养殖及饲料企业、水产品加工企业从事技术推广、应用和生产经营与管理工作。

职业发展：国家“十三五”发展规划指出：优化海洋产业结构，发展远洋渔业，发展海洋科学技术，重点在深水、绿色、安全的海洋高技术领域取得突破；深入推进山东、浙江、广东、福建、天津等全国海洋经济发展试点区建设。随着社会经济的发展和国家对农业的不断重视，加之全国海洋渔业资源的限制捕捞，水产养殖业的地位越来越高，行业发展空间也越来越大，水产养殖业会成为朝阳产业。近些年，全国水产养殖生产保持着较好的发展势头，养殖规模进一步扩大，人才需求也越来越大，就业前景非常广阔。

【职业方向二】水族产业企业、休闲渔业的观赏水族生产、技术、管理人员

对应专业：水族科学与技术。

职业内涵：在水族产业企业、休闲渔业企业从事观赏水族的技术推广、应用和生产经营与管理工作。

职业发展：随着居民生活水平的提高，观赏水族行业消费量大幅度提高，高档观赏鱼不断“游”入寻常百姓家庭，水族业成为一个新兴的“朝阳行业”。观赏鱼背后蕴藏着惊人的财富，一旦形成规模，构成产业链，观赏鱼产业甚至可以影响一个地方的产业结构，成为农村脱贫致富的重要手段。水族产业非常有潜力，但现在还比较薄弱，

人才需求量不大。今后将在水族器材、饲料加工、观赏鱼品种开发等方面形成一个产业链，让更多的普通家庭享受到观赏鱼带来的快乐。

【职业方向三】海洋、水产、环保、农业系统的水产科研人员

对应专业：本学科所有专业。

职业内涵：在海洋、水产、环保、农业系统的中央及地方科研机构从事与海洋、水产、环保等相关的科研、应用技术开发等工作。

职业发展：随着社会经济的发展，水产养殖业快速发展，行业发展空间也越来越大。水产养殖的快速发展，迫切需要水产类人才，因而就业前景非常广阔。

【其他职业方向】水产产品销售代表，水产养殖饲料企业生产及销售人员，水产医药、保健品企业生产及销售人员

三、专业体验

海南大学水产养殖学专业王某：

我今年研究生快毕业了，本科、研究生都就读于本校，去年工作就落实了，签约于某水产科研机构，工作地点在老家青岛。

我们专业的去向一般是水产养殖加工系统的科研院所、养殖场、海产品食品公司等。研究生就业去向主要是水产养殖加工系统的科研院所，本科生的就业去向主要是水产养殖场及食品加工厂。

水产类的毕业生一般要到沿海海域、水库、河流等地方去工作。这些地方距城市较远、环境较好。水产食品加工厂大都分布在大连、威海、青岛、武汉、广州等城市。

不同地区的就业形势不大一样，在中国南部如广东、福建、海南等地这个专业是非常吃香的，就业率非常高。我们学校的大三学生只要想从事水产工作的都签合同了，而且大多是上市公司。补充一点，如果你是女生，建议不要去做生产，女生搞销售、科研、检测比较好一点，薪水也不错。如果你有志气的话，可以自学一下市场营销、人力资源管理之类的知识。在这几方面有特长且有五年以上工作经验的每月一两万也不成问题。

四、专家提示

水产类专业是一个比较特殊的专业，专业性强，就业时跨行就业的现象极少。该学科类就业地点多分布在辽宁、山东、江苏、浙江、湖北等地，就业时注意选择就业地点、场所、对口等问题。报考此专业的考生要综合考虑。

大多数的本科生都需要选择考研深造，争取在水产养殖、食品加工系统的科研院所工作。

五、院校推荐

排名	学校名称	等级	排名	学校名称	等级	排名	学校名称	等级
1	中国海洋大学	5	5	大连海洋大学	4	9	天津农学院	4
2	上海海洋大学	5	6	广东海洋大学	4	10	海南大学	4
3	华中农业大学	4	7	宁波大学	4	11	南昌大学	4
4	南京农业大学	4	8	集美大学	4			

草 学 类

一、学科概述

草学类专业包括：草业科学。

草业科学是一门以草食动物饲草饲料生产、城镇绿化和草业资源保护开发与经营管理为主要研究方向，运用现代生物技术培育新草种，研究优质高产草地的建设与管理技术体系，创造以人为本的城镇绿化美化园林新格局，探索以草为主的西部生态治理方法和途径的一门学科。

二、职业方向

【职业方向一】草原、草坪技术与管理人员

对应专业：草业科学。

职业内涵：在国土、园林、水土保持、环保、体育场等部门从事各种类型绿化草坪的建植与管理工作。

职业发展：国家“十三五”发展规划指出，扩大退耕还林还草，保护治理草原生态系统，推进禁牧休牧轮牧和天然草原退牧还草，加强“三化”草原治理，草原植被综合盖度达到56%。随着我国城镇化步伐的加快，风景名胜区、森林公园、湿地公园、沙漠公园等保护力度的加大，林区道路等基础设施建设逐步加强，城市绿化面积越来越大。因此，随着城镇化的快速发展，草业科学专业人才的需求量将会越来越大。

【职业方向二】优良牧草、人工牧草技术与管理人员

对应专业：草业科学。

职业内涵：在农垦集团等涉农企业做技术与管理工作。

职业发展：随着人民生活水平的提高，奶业越来越受欢迎，但中高端奶粉大部分都从国外进口，不能满足人民需求，所以我国优质奶业发展迫在眉睫。优质奶业的发展必然会增加对优良自然牧草以及人工种植牧草的需求量。对于草业科学专业的毕业生来说，进入包括农垦集团在内的涉农企业做技术与管理工作也称得上是学有所用。

【职业方向三】体育场草坪管理员

对应专业：草业科学。

职业内涵：在足球场、高尔夫球场等做草坪维护与管理工作。

职业发展：随着城市现代化进程的加快、体育事业的进步和中外体育及体育经济的发展，标准化、专业化的场地是体育进步的必然要求。因此，对场地维护与管理工作的专业人才的需求量将会越来越大。

【其他职业方向】城市规划工程师、景观美化和场地维护员、交通建设公司植被设计工程师等

三、专业体验

南京农业大学草业科学专业邵某：

草业在西部生态环境治理以及城市绿化美化、改善环境质量中作用重大。现在人们越来越注重居住环境的改善，许多城市都在修建绿地和花园，草地成为城市人日常接近大自然的最佳方式。目前各大中城市的城建园林部门以及许多大型专业化公司迫切需要大量的草业人才，拥有草业专业知识的高素质人才将十分走俏。

我们上届学长有几个去了牧草牧场，还有的签了种子公司。我的班主任在做的一个项目就是高速公路两旁的山坡的植物修复。生态修复比起物理、化学方法的修复有很多优点，越来越被广泛应用。当然这只是生态修复的一个缩影，还有更多的内容。总之，我对这个专业充满信心。

四、专家提示

草业科学是农学、畜牧、资源环境、园林等学科的交叉学科，具有多学科特点。同时，草业科学的地域性也很强。近年来沙尘爆发强度、频度和影响范围不断增加，对于被林业光环遮蔽太久的草业来说，是一次难得被重视的机会；并且随着奶业越来越受欢迎，草业也将有一个十分广阔的发展前景。

五、院校推荐

排名	学校名称	等级	排名	学校名称	等级	排名	学校名称	等级
1	兰州大学	5	3	新疆农业大学	4	5	四川农业大学	4
2	内蒙古农业大学	4	4	甘肃农业大学	4			

基础医学类

一、学科概述

基础医学类专业包括：基础医学。

基础医学顾名思义是基础学科，是现代医学的基础，是研究人的生命和疾病现象的本质及其规律的自然科学，其成果为其他所有应用医学所遵循。基础医学培养的是能够在高等医学院校、医院和医学科研机构等部门从事基础医学各学科的教学、临床医学实验及生物医学研究的医学高级专门人才。

二、职业方向

【职业方向一】医学研究人员或医生

对应专业：基础医学。

职业内涵：在医学研究机构或医院及现代医药卫生领域从事科研工作。

职业发展：基础医学类专业毕业生主要到高等院校和医学科研机构，从事教学、医学实验研究等工作。随着人们生活水平的提高、健康意识的增强，人们越来越关注自身的健康问题，因此医药行业将有着广阔而持久的需求。

【职业方向二】医药企业产品研发人员

对应专业：基础医学。

职业内涵：在医药企业中从事产品研发的工作。

职业发展：随着社会经济的发展，人们会越来越关心自身的医疗保健问题。因此，相关医药产品将会大受欢迎，从事医药产品研究及开发的人员将有着非常广阔的发展前景。

【其他职业方向】营养师、健康管理师、疾控中心疾病预防人员等

三、专业体验

中国医科大学基础医学专业马某：

我们专业毕业后一般到高等医学院校和医学科研机构等部门从事基础医学各学科的教学、科学研究及基础与临床相结合的医学实验研究工作。

我认为无论做研究还是当老师，都是不错的选择。我的学哥、学姐毕业后，有的

当公务员，有的进了医院，有的进了医药类院校或生物、医药相关科研机构。评价基础医学专业，关键要看个人兴趣爱好，我就比较喜欢。静下心来做研究，其实比临床更容易出成果。临床研究生都忙于临床工作，没有时间和精力来做研究，所以在学术水平上是很少有超越基础医学专业的。基础医学专业毕业后，可申请出国，去美国、德国这些基础医学水平比较好的国家做研究也是不错的选择。学校只是给了我们一个充实自己、学习知识的场所。只要有能力，善于把握机会，就业从来不是问题。

四、专家提示

50%以上的学生会选择继续深造，出国率很高。选择了这个方向，就要做好做研究的准备。

此类专业对考生的身体条件有要求，报考时一定要注意此类院校和专业对身体、性别、科类等方面的要求。

五、院校推荐

排名	学校名称	等级	排名	学校名称	等级	排名	学校名称	等级
1	复旦大学	4	2	南方医科大学	4			

临床医学类

一、学科概述

临床医学类专业包括：临床医学、麻醉学、医学影像学、眼视光医学、精神医学、放射医学。

临床医学类专业是直接面对疾病、病人，对病人直接实施治疗的科学，实践性很强。该类专业主要是培养能在医疗卫生保健单位，从事安全有效的医疗实践的应用型人才，以及从事临床麻醉、医学影像诊断、眼科疾病诊治、心理咨询与心理治疗、放射治疗等方面工作的应用型高级医学专门人才。

二、职业方向

【职业方向一】内外科

对应专业：临床医学、麻醉学、眼视光医学、精神医学、放射医学。

职业内涵：在各级医疗卫生保健单位，从事疾病的诊断治疗。

职业发展：从各国人均拥有医生的数量来看，我国医疗缺口大，尤其是基层偏远地区，社区医疗条件改善没有达到预期，正是专业人才大展拳脚的地方。随着医改的不断深入，此类专业必将拥有更广阔的空间。

【职业方向二】麻醉师

对应专业：麻醉学。

职业内涵：在医院相关部门从事麻醉工作。

职业发展：麻醉科工作领域，由原来的手术室逐渐扩大到门诊与病房；业务范围也由临床麻醉逐步扩大到急救、肺脑复苏、疼痛的研究与治疗；临床麻醉工作重点将逐步转向人体生理机能的监测、调节、控制及麻醉合并的治疗等。在国家的有利政策下，在国际麻醉学的引导下，麻醉学得到空前的发展，就业前景非常好。

【职业方向三】影像医师、技师

对应专业：医学影像学。

职业内涵：在医疗卫生单位从事医学影像诊断、介入放射学和医学成像技术等方面的工作。

职业发展：国家正在加大医疗卫生投入，建立起遍及城乡的医疗卫生服务体系及城镇职工医疗保险制度，同时各地政府纷纷提出医疗卫生事业的发展规划。近几年来各种高端影像设备不断普及到县及县级以下医院，导致目前中国较多医疗卫生单位，特别是西部医疗卫生单位对影像专业人才的需求缺口增大。在目前这种医疗体制下，医疗卫生单位需要影像专业人才，但又无法提供足够的人员编制，很多医疗卫生单位不得不以招聘影像专科生来解决这种矛盾。现在设有医学影像专业的医学院校相对较少，毕业生也较少，因此医学影像专业的就业情况相对较好。

【其他职业方向】内科医师、妇产科医师、儿科医师、家庭和全科医师

三、专业体验

大连医科大学临床医学专业刘某：

临床医学类就业的对口率比较高，就业前景比较乐观。

我本科就读于承德医学院临床医学专业，2012 年大连医科大学研究生毕业。家里没医学方面的人脉，毕业时满怀梦想，多次到北京、天津、保定等大医院应聘，光简历就花了好几百元。还好努力没有白费，最后两家医院和我有了签约意向——一家是北京的社区医院，一家是保定的一所大医院。我权衡再三，最后选择了保定这所知名医院，成了一名内科医生。

学医有点累，但充实。当了医生后，工作压力也蛮大的，整天上紧了“发条”，但看到患者治愈出院，心里还是很高兴的。如今，我已结婚生子，在保定这座古城生活得还算惬意。

四、专家提示

报考医学类专业首先考虑的就是自己是不是真的想在这个行业发展。医者仁心，这是一门极专业、极精深的学问，需要卧薪尝胆。选择了这个方向，就要做好继续学习下去的准备。

医生培养的周期性较长，一般 5 年本科，有条件的还可以硕博培养等继续深造；也可考虑出国留学，为就业创造更好的条件。另外医学类专业对考生的身体条件要求比较高，报考时一定要注意此类院校和专业对身体、性别、科类等方面的要求。

五、院校推荐

排名	学校名称	等级	排名	学校名称	等级	排名	学校名称	等级
1	上海交通大学	5	11	四川大学	4	21	汕头大学	4

续表

排名	学校名称	等级	排名	学校名称	等级	排名	学校名称	等级
2	华中科技大学	5	12	天津医科大学	4	22	哈尔滨医科大学	4
3	复旦大学	5	13	北京协和医学院	4	23	南京大学	4
4	北京大学	5	14	重庆医科大学	4	24	广西医科大学	4
5	中山大学	5	15	吉林大学	4	25	郑州大学	4
6	浙江大学	5	16	安徽医科大学	4	26	同济大学	4
7	中南大学	5	17	山西医科大学	4	27	南昌大学	4
8	南方医科大学	4	18	西安交通大学	4	28	武汉大学	4
9	首都医科大学	4	19	广州医科大学	4			
10	山东大学	4	20	苏州大学	4			

口腔医学类

一、学科概述

口腔医学类专业包括：口腔医学。

口腔医学专业是培养能在医疗卫生机构从事口腔常见病、多发病的诊治、修复与预防工作的口腔医学应用型专门人才的学科。

学习口腔医学专业的同学需要学习医学基础理论和临床医学知识，掌握口腔医学的基本理论和临床操作技能。

二、职业方向

口腔医学专业的就业领域较为广泛，毕业生既可在医院的口腔科工作，也可开设私人诊所，或去美容院从事相关的面部整容、美容工作，或从事与医学教育、科研、临床实践相关的工作。只要不是对工作单位及条件要求过高，口腔医学专业毕业生的就业一般不成问题。

【职业方向一】口腔医生

对应专业：口腔医学。

职业内涵：从事口腔诊疗及保健工作。

职业发展：口腔医生包括牙医，但牙医与口腔医生有很大差别。口腔医生除了做牙医所做的一切以外，口腔肿瘤、外伤也都是其诊治范围。口腔医学是医学专业中最好就业的专业类别，且收入很高。某项调查显示，在一些口腔保健较发达的国家，平均每一两千人中就有一名口腔医生，而在中国，每2万—3万人中才有一名口腔医生。所以，口腔医学专业人员大有可为。

【职业方向二】口腔医学专业高校教师

对应专业：口腔医学。

职业内涵：在医学院从事教学工作。

职业发展：口腔医学是医学专业中最好就业的专业类别，因此对口腔医学教学及科研人才的需求也将有着持久的增长。

【其他职业方向】科研部门的科研人员，疾控中心口腔疾病预防医生，药品销售代表，牙科器材及牙膏公司研发、营销代表

三、专业体验

河北医科大学医学部口腔医学专业孟某：

口腔医学包含很多内容，主要分以下几大类：口腔内科（牙体牙髓科、牙周科、黏膜科、儿牙、预防等）、口腔外科（唇腭裂、颌面外等）、口腔修复科（固定义齿修复、活动义齿修复、种植）、口腔正畸等。目前口腔的分科越来越细，包含的内容很丰富。

我是口腔硕士毕业，应聘于北京一民营口腔医院，初任起月薪8000元。我一初中同学是口腔专业大专毕业，在保定开私人诊所，虽节假日生意挺忙的，但日子过得逍遥惬意。若打算开私人诊所，关键两点要心里有底：自己的技术要能独当一面；客源有保证。建议大家即使单干，最好也能跟当地口腔医疗机构里的一些骨干同行多沟通，保持一个良好的外部环境。一是同行可以介绍病源；二是若遇突发问题，可及时请外援解决难题。可通过在当地口腔医院进修达到上述目的。

四、专家提示

此类专业对考生的身体条件有要求，不招收左撇子考生，报考时还要注意此类院校和专业对身体的其他要求。作为朝阳医学专业，学口腔收入高，但要兼顾兴趣爱好。

五、院校推荐

排名	学校名称	等级	排名	学校名称	等级	排名	学校名称	等级
1	四川大学	5	7	浙江大学	4	13	中国医科大学	4
2	北京大学	5	8	吉林大学	4	14	天津医科大学	4
3	武汉大学	5	9	同济大学	4	15	西安交通大学	4
4	上海交通大学	5	10	南京医科大学	4	16	广西医科大学	4
5	山东大学	4	11	首都医科大学	4	17	河北医科大学	4
6	中山大学	4	12	中南大学	4	18	遵义医学院	4

公共卫生与预防医学类

一、学科概述

公共卫生与预防医学类专业包括：预防医学、食品卫生与营养学、妇幼保健医学、卫生监督学、全球健康学。

公共卫生与预防医学类是从群体的角度探索与人类疾病和健康相关的问题，培养掌握公共卫生与预防医学基础理论、基本知识和基本技能，以及掌握营养与食品卫生专业知识和卫生检测技术、妇幼保健技能、卫生监督执法知识技能、中西临床保健技能等，能保护公众健康、解决预防医学与公共卫生的实际问题、促进人群健康的公共卫生专门人才。

二、职业方向

【职业方向一】疾病预防机构专业医生及治疗人员

对应专业：预防医学、食品卫生与营养学、妇幼保健医学、卫生监督学。

职业内涵：在医疗防预和卫生检验、科研院所、高等学校、大型企业、国家机关管理等部门从事疾病预防与控制、食品卫生检验检疫和管理、卫生执法与监督、人群合理营养、妇幼保健等临床、教学、科研和管理等工作。

职业发展：公共卫生和预防医学产生于17世纪欧洲工业革命时期。那时候由于医疗卫生条件差，人们经常面临疾病得不到及时医治的情况，在与疾病的斗争过程中此专业得到了长足的发展。进入20世纪，随着公共卫生面貌的改观、急性传染病的控制和消灭，人们的健康状况有了很大改观。但随之而来的饮食结构配比不当、过度营养、不良生活方式和各种环境污染，又给公共卫生带来了新的课题。随着国家经济的发展，民众的保健意识逐年增强，公共卫生与预防医学类专业越来越受重视。毕业生待遇比较好，工作稳定，但这些专业一般都要参加行政机关或事业单位的录取考试，具有一定的竞争性。

【职业方向二】政府卫计管理部门公务员

对应专业：本学科所有专业。

职业内涵：在政府卫计部门从事疾病预防、妇幼保健、食品卫生检验、卫生监督等相关管理工作。

职业发展：改革开放以来，我国用较少的投入取得了医疗卫生事业较大的成就，但随着社会的发展，投入与需求的矛盾越来越突出。随着“基本公共卫生服务均等化”概念的提出，政府卫计管理等部门越来越受重视公共卫生与预防。2015 年政府已将卫生支出长期占财政支出的 3%—4%，逐年快速提高至 7%—8%；并且随着城乡一体化的深入发展，加快“乡镇区域医疗中心”建设进程，以保障人人享有基本水平的基本公共卫生服务的目标已经被提出。

【职业方向三】健康管理师

对应专业：本学科所有专业。

职业内涵：健康管理师是从事个体和群体健康的检测、分析、评估以及健康咨询等工作的专业人员。

职业发展：首先，随着我国的经济发展、国力的上升，政府更加重视国民的身体素质和健康素质。2013 年 10 月，国务院出台了《关于促进健康服务业发展的若干意见》〔国发 2013（40 号）〕。其次，居民生活水平的提高也必然带来消费观念的改变，关注健康已逐渐成为共识。最后，我国面临人口老龄化与医疗体系向以健康管理为主的预防系统逐渐转型的现状，为健康管理师的发展提供了客观条件。

【其他职业方向】营养师、健康管理师、医院检验检疫技师等

三、专业体验

哈尔滨医科大学预防医学专业董某：

公共卫生与预防医学的发展是一个逐渐成熟的过程，可以说是人类社会发展的缩影。预防接种、检疫等学科是在与疾病的斗争中发展起来的。劳动卫生和职业医学等学科与改善劳动条件、防治职业病密切相关；营养与食品卫生学科是在物资缺乏时代人们对抗营养不良的成果；围产医学、妇幼保健、学校卫生、老年保健等学科是在经济发达以后人们注重生老病死等全方位的预防保健的过程中发展起来的；卫生统计、卫生微生物和卫生化学是上述学科的基础。

预防医学需要具有良好的敬业精神和职业道德、扎实的医学基础理论知识和基本技能。这个专业从就业方向上说还是比较广泛的，一般是进入各地的疾控中心和食品药品检测机构。如果考取研究生的话发展前景更好，选择的方向也更多。也有一些学哥、学姐通过公务员考试，进入了当地的行政或事业单位。

四、专家提示

报考公共卫生与预防医学类专业对考生的身体条件有一定要求。职业发展可适当考虑考研或留学深造。在校期间最好学习公务员考试的相关知识，提高公务员考试的

应试能力。

五、院校推荐

排名	学校名称	等级	排名	学校名称	等级	排名	学校名称	等级
1	北京大学	5	8	浙江大学	4	15	南京医科大学	4
2	华中科技大学	5	9	上海交通大学	4	16	南方医科大学	4
3	复旦大学	5	10	郑州大学	4	17	山东大学	4
4	中山大学	5	11	中南大学	4	18	首都医科大学	4
5	哈尔滨医科大学	5	12	东南大学	4	19	天津医科大学	4
6	中国医科大学	4	13	苏州大学	4	20	安徽医科大学	4
7	四川大学	4	14	武汉大学	4			

中医学类

一、学科概述

中医学类专业包括：中医学、针灸推拿学、藏医学、蒙医学、维医学、壮医学、哈医学。

中医是博大精深的中国文化的一颗耀眼明珠，既彰显了中华传统文化的丰富内涵，又与时俱进具有现代意义。中医学类专业培养能在医疗卫生领域从事医疗、预防、保健、康复等方面工作的中医学、针灸推拿学和藏医、蒙医、维吾尔医学、壮医药、哈医学等临床医疗工作和科学研究工作的应用型人才。

二、职业方向

【职业方向一】中医师

对应专业：本学科所有专业。

职业内涵：在各级中医医院、各部门医院和康复医院从事诊治和科研工作。以中医理论为基础，以中药方剂、手术、针灸、推拿等为主要手段，对人体进行疾病诊断、治疗、预防、保健等。

职业发展：很多民族都有自己的传统医学，而中医把医术与中国的哲学思想结合在一起，可以说是生命力最强的古老医学。随着医学的发展，中华传统医学越来越受关注和重视。国家重视传统医学，中医必将发扬光大。第 62 界世界卫生大会通过了由中国政府提议的《传统医学决议》，鼓励发展传统医学。国际标准化组织中医药技术委员会已经成立，秘书处设在中国。60 多个国家和地区的 200 多个团体会员加入了总部设在中国的世界针灸学会联合会和世界中医药学会联合会。越来越多的国家和地区主动要求与我国加强在中医药领域的交流和合作。

【职业方向二】高校教师

对应专业：本学科所有专业。

职业内涵：在高等学校从事教学或科研工作。

职业发展：教育是民族振兴、社会进步的重要基石。教育部教育发展研究中心与北京科技大学合作，初步形成了《2015 年人力资源强国评价报告》，其最重要的结论是：中国正在跨越门槛，进入人力资源强国行列。人力资源是指能够推动国民经济和社会发展的、具有智力劳动和体力劳动能力的人的总和，包括数量和质量两个方面。可见，强国必先强教。随着教育优先发展战略的落实，高校教师的需求量也随之增长。其表现有三：一是普通高校扩招，民办高校扩建，使得高校教师需求量大；二是高校新开辟的专业需要教师加盟；三是文科类或理科类大学向综合类大学迈进需要吸收新鲜血液。

【职业方向三】中医药学出版工作

对应专业：本学科所有专业。

职业内涵：在报社、期刊社、出版社、文化公司、网站等机构从事平面或网络的文字、网页及美术编辑工作。

职业发展：21 世纪是生物科学的世纪，国家竭力促成中医药学与自然科学的交融。近些年来，人们的生活环境发生了巨大的变化，人们面临着环境污染、病毒变异、化学药品滥用等棘手问题。由于中医药的特殊性，国际社会寄希望于中医药来解决这些棘手的问题。这个大环境成为医学学术期刊发展的动力。同时随着生活水平的提高，人们更加关注身体健康，中药学的保健作用受到国人的青睐，各种保健养生节目也应运而生。这为中医学专业的学子提供了用武之地。

【其他职业方向】中药药品及试剂开发工程师、中药药品销售代表、教师等

三、专业体验

成都中医药大学中医学专业孙某：

很多学生学习中医都是基于对医学治病救人的崇拜和向往。大家在真正开始学习以后才逐渐了解中医。古人称中医为医道，它所体现的不仅仅是医，更是文化，是中国文化最集中的体现。阴阳、五行、中庸、天人合一、内外交感等传统观念无不在其中尽情挥洒。中医不同于西医学，学习中医不是单纯地学习如何治愈疾病，不是单纯地将生命委托于冰冷的器械和无情的数据，中医教你体味生命，让生命更活跃，让人生更健康。

在中医学的课程当中，除了中医课程还有西医的课程，整个大学生活要学习的课程有三四十门之多。但是要想有所成就仅学习这些是远远不够的，图书馆里还有浩瀚的中医典藏等着我们去学习。学好中医学还要具备一定的国学基础，因为很多基础课程引用的是古典原文。

中医学是中华民族灿烂文化的组成部分，为中华民族的繁荣昌盛做出了卓越的贡献，并以显著的疗效、独特的诊疗方法、系统的理论体系、浩瀚的文献史料，屹立于世界医学之林，成为人类医学宝库的共同财富。屠呦呦的获奖，又为我国中医学的发展插上了腾飞的翅膀。

四、专家提示

中医学专业毕业生可以从事的工作以医疗保健为主，所以各级医院是最主要的去处。由于竞争激烈，本科生留在大城市大医院从事临床工作的机会较少，主要是去县区级医院，想留在大城市工作的学子，大多数要通过攻读硕士、博士研究生来实现自己的愿望。

五、院校推荐

排名	学校名称	等级	排名	学校名称	等级	排名	学校名称	等级
1	北京中医药大学	5	5	南京中医药大学	4	9	山东中医药大学	4
2	广州中医药大学	5	6	湖南中医药大学	4	10	浙江中医药大学	4
3	上海中医药大学	4	7	成都中医药大学	4	11	辽宁中医药大学	4
4	天津中医药大学	4	8	黑龙江中医药大学	4			

药 学 类

一、学科概述

药学类专业包括：药学、药物制剂、临床药学、药事管理、药物分析、药物化学、海洋药学。

提到药学，我们会想到各种形态与各种功能的药品。药品是一种特殊的商品，它的作用是治病救人。药学是一门对国家、社会、人民十分重要的行业，因此每个药学工作者不论在何种岗位都要有较高的职业道德和社会责任感。具体来说，药学类专业主要从事药物研究与开发、药物生产、药物质量控制、药物临床应用和监督管理等工作。

二、职业方向

【职业方向一】科研院校与机构中的科研人员

对应专业：本学科所有专业。

职业内涵：在研究所或者药厂的研究部门从事各类药物的开发、研究、生产质量保证和合理用药等方面的工作。

职业发展：从青霉素的诞生，到 SARS 病毒被控制，再到不断被更新突破的癌症用药，药学史上的每一次突破，都带来人类历史的飞跃。21 世纪是生命科学的世纪，医药行业需要大量的药学人才。由于药品的特有属性，国家分外看重药品科研人员的培养。国务院办公厅印发的《药品上市许可持有人制度试点方案》显示，除药品生产企业之外，药品研发机构、科研人员也可以申报药品上市申请，以此来激发药物科研人员的工作积极性。不论是从行业前景看还是从个人发展看，在医药行业从事科研工作，确实是不错的职业规划。

【职业方向二】执业药师

对应专业：本学科所有专业。

职业内涵：执业药师是具有执业药师资格证书和执业药师注册证，并在药品生产、流通、使用单位执业的医药技术人员。

职业发展：在注重规范用药、注意用药安全与质量的背景下，今后医院药师的舞台将会越来越宽广。一方面药师将从原来的取药、抓药的工作范围扩展至指导监督医生用药、指导服务患者用药，并指导和参与专家诊治疑难病例。另一方面，国家加强对药品行业的监管，出台的《药品经营质量管理规范》要求药店必备执业药师。在这种大氛围下，药师的发展前景十分乐观。

【职业方向三】医药代表

对应专业：本学科所有专业。

职业内涵：医药代表是负责相关药品的推广工作的人员。有些医药代表负责医院，客户为医生；有些医药代表负责药店，客户为经销商。

职业发展：根据中国医药工业信息中心的消息，2016 年各行业主营业务收入占比居前的分别是化学制剂、中成药、原料药和生物制品。医药代表是企业与市场联系的桥梁，在各企业越来越重视营销的今天，医药代表的作用不容小觑。

【其他职业方向】药品及试剂开发工程师、中药品销售代表、教师等

三、专业体验

中国药科大学药学专业郭某：

药学专业培养的就是与药打交道的人。他们活跃在社会的各个岗位，包括科研院校、政府机关、企业车间、医院药房等，大家都在用不同的方式和药打交道。

现在我国的药学院分为两类：一类是综合性大学开设的药学院系，比如北京大学药学院、四川大学药学院；另一类是专业药学院校，最具代表性的是中国药科大学和沈阳药科大学。以上大学是我国药学事业研究的旗帜。

药学专业开设 15 门主干课程，这些课程可以分为两类：一类侧重化学，如无机化学、有机化学、分析化学、物理化学；一类侧重药理，如药物治疗学、药代动力学。有人开玩笑说，药学是半个化学。从专业学习的角度出发，那些化学、生物学科基础比较好，或是对它们较感兴趣的学生，能更好地适应药学专业的学习。

“试验”是药学专业的重要组成部分。虽然药学专业真正从事试验科研工作或药品研发工作的人只是少数，大部分同学会成为医院药师或者医药代表，但是掌握扎实的试验功底是很有必要的。

我们专业的就业方向很多，比如对口的有药厂、医药公司、医院药剂科、大学、政府部门（体委检测中心、药监局、知产局）、医药类专利代理公司、医药类杂志社和报社及电视台等。

四、专家提示

报考药学类专业需要注意的就是轻度色觉异常（俗称色弱）者不予录取。药学类专业就业专业性强，高端人才很抢手，终端人才有缺口。

药学和制药工程是两个不同的专业，制药工程的重点在于工程，是生产药品的过程；药学注重药品本身的研究，注重药品的药理、药效，研发新型药品。

五、院校推荐

排名	学校名称	等级	排名	学校名称	等级	排名	学校名称	等级
1	中国药科大学	5	14	河北医科大学	4	27	安徽中医药大学	4
2	北京大学	5	15	天津医科大学	4	28	重庆医科大学	4
3	沈阳药科大学	5	16	吉林大学	4	29	华东理工大学	4
4	四川大学	5	17	上海交通大学	4	30	贵阳医学院	4
5	哈尔滨医科大学	5	18	南方医科大学	4	31	南通大学	4
6	复旦大学	5	19	西安交通大学	4	32	福建医科大学	4
7	中南大学	5	20	安徽医科大学	4	33	江苏大学	4
8	中山大学	5	21	苏州大学	4	34	南开大学	4
9	黑龙江中医药大学	5	22	中国海洋大学	4	35	辽宁中医药大学	4
10	南京医科大学	5	23	广东药理大学	4	36	郑州大学	4
11	浙江大学	4	24	南京中医药大学	4	37	江西中医药大学	4
12	山东大学	4	25	首都医科大学	4	38	浙江工业大学	4
13	华中科技大学	4	26	武汉大学	4			

中药学类

一、学科概述

中药学类专业包括：中药学、中药资源与开发、藏药学、蒙药学、中药制药、中草药栽培与鉴定。

中药学类既研究中药材的栽培与鉴定，又研究中成药的研制、生产、保护、管理、开发、流通及使用。该类专业的毕业生主要在中药生产、开发、使用等领域从事相关工作。例如，中药材生产与鉴定、中药炮制与制剂、中药质量与分析、中药药理与安全性评价及临床合理用药等。屠呦呦查遍中医药典籍成功提取青蒿素，又一次让世人瞩目中医药。有专家预测，中药产业将成为我国国民经济新的增长点，中成药制药企业与中成药科研单位将会迎来前所未有的发展机遇。因此本专业的就业领域会大大扩展。

二、职业方向

【职业方向一】中药制剂员

对应专业：中药学、中药制药、中药资源与开发、藏药学、蒙药学、中草药栽培与鉴定。

职业内涵：从事中药制药分析、研发工作。

职业发展：近年来我国加大了对中药研究的投入，加之国人对中药的偏好，我国中成药产业将保持快速的增长态势。未来我国的中成药行业，将更多地运用现代科学技术方法，开发现代中药新药及天然药物，逐步实现中药的现代化、国际化。在目前形势下，中药制剂得到了前所未有的大发展、大提高。全国千余家中药制药企业，机械化、标准化、自动化生产水平大大提高，因此中药制剂员的需求量将会越来越大。

【职业方向二】试剂开发工程师

对应专业：本学科所有专业。

职业内涵：从事中药研制、开发医药试剂等工作。

职业发展：我国已经是世界第一大原料药生产和出口国、世界第二大 OTC 药物市场，即将成为全球第三大医药市场。在中药现代化战略的推动下，我国大中药产业逐渐形成。中药行业主要由中药材、中药饮片和中成药三大支柱产业组成。随着居民消费水平的提高，越来越多的人开始关注养生保健，各类中成药需求在不断增大。随着中医药事业的健康发展，克制各种疑难杂症的药品相继出现，试剂开发工程师越发显得重要。可以说这个行业很吃香，很有发展空间和发展“钱”途。

【职业方向三】医药代表

对应专业：本学科所有专业。

职业内涵：负责相关药品的推广工作。

职业发展：中药行业有很好的发展前景。中药从业人员是中药生产的主体，其素质高低决定着行业兴衰。目前除研发人员外，中药企业最缺的是管理人才和市场策划营销人才。营销是企业与市场联系的桥梁，增强中药企业的营销能力是中药产业发展的重要动力。

【其他职业方向】化学技术员、药剂师、文职人员等

三、专业体验

北京中医药大学中药学专业唐某：

我是北京中医药大学中药学专业毕业生，毕业三年了，现为北京某医院药剂科的药师，工作还算得心应手。在我的母校，中医药博物馆是一处不可不去的地方。在博物馆三楼的中药综合展厅里，陈列着灵芝、知母、人参、红景天等近 600 种常用中药、1500 多份中药标本、近 300 种药用动物剥制与药用植物浸制标本以及数百幅药用植物彩色照片。每年大一新生入学报到后，都要先到博物馆感受浓厚的中医药氛围。我们学校中医药学专业注重精品教育，实行本科生导师制，即新生一入学就有一位专业教师作为本科生导师，在四年的大学期间，导师根据学生自身特点，有针对性地采取个性化指导，帮助学生尽快适应大学环境，掌握专业课程学习方法，做好职业生涯规划。

现在中药学类专业分得越来越细，中药资源与开发、中草药栽培与鉴定等专业人才，前途不可限量。毕业生主要在中草药栽种培育基地或药厂等机构从事中药栽培、生产、经营、质检、管理等第一线工作。

四、专家提示

中药学类博大精深，可选择继续深造。近几年，毕业生考研率不断提升，有的学校该类专业毕业生近 50%考取硕士研究生。有的院校招生对考生身体条件有要求，轻度色觉异常（色弱）者，不予录取；有的中药学专业不接收肝功能异常者。国家统计局数据显示，2012 年我国中药产业规模占医药产业规模的 31.24%，已成为我国快速增长的产业之一，发展潜力巨大。教育部公布的 2011 年本专科就业情况显示，中药学本科专业毕业生就业率≥85%。但在不同院校，就业情况有所不同。制药行业是个朝

阳行业，前景广阔。

五、院校推荐

排名	学校名称	等级	排名	学校名称	等级	排名	学校名称	等级
1	南京中医药大学	5	7	暨南大学	4	13	山东中医药大学	4
2	上海中医药大学	5	8	广州中医药大学	4	14	西北大学	4
3	黑龙江中医药大学	5	9	浙江中医药大学	4	15	广东药理大学	4
4	北京中医药大学	5	10	天津中医药大学	4	16	长春中医药大学	4
5	成都中医药大学	4	11	沈阳药科大学	4	17	湖北中医药大学	4
6	中国药科大学	4	12	辽宁中医药大学	4			

法 医 学 类

一、学科概述

法医学类专业包括：法医学。

法医学是个很有挑战性的专业。法医学培养具备医学的基本理论知识和系统的法医学理论知识及基本技能，能在公安、政法机关、司法鉴定机构和保险公司从事法医学检案鉴定工作的高级科学技术人才。

二、职业方向

【职业方向一】法医

对应专业：法医学。

职业内涵：在司法机关中运用医学技术对与案件有关的人身、尸体、物品或物质进行鉴别并做出鉴定及有关研究工作。在中国，担任法医鉴定的人一般是公安、司法机关及社会鉴定机构的专职法医，也可以是高等院校法医学教师或具有法医学知识的医师，但他们必须与案件无利害关系。法医鉴定人进行检验、鉴定后应做出鉴定结论。用作证据的鉴定结论应告知被告人。如被告人提出申请，可进行补充鉴定或重新鉴定。

职业发展：法医一般就职于各级公安、检察机关，从事法医鉴定工作，也可以从事教学科研活动。由于这两个方向都属于财政供养的国家单位，就业具有一定的竞争性。

【职业方向二】社会鉴定所检定员

对应专业：法医学。

职业内涵：在第三方鉴定公司、保险公司从事鉴定、审核事物的工作。

职业发展：在我国，法医学专业虽然建立的时间短，但是已经被广泛应用到各类社会鉴定中，例如金融保险的核保与理赔、司法鉴定、刑事侦查等领域。相信随着社会主义法治化进程的推进，法医学专业将得到长足的发展。目前，各类社会鉴定机构，按照鉴定资质来分可以分成如下几类：伤残鉴定、中立第三方尸检、亲子鉴定、个人识别等。对于进入社会鉴定机构的工作人员来说，一般工作五年以后可以取得司法部鉴定资格，这一资格的取得对于其职业发展十分重要。

【其他职业方向】保险公司现场勘验人员、法院及检察院司法辅助人员、劳动部门

伤残鉴定人员、高校教师、医学的病理检验师等

三、专业体验

吉林大学法医学专业赵某：

电视剧《法医秦明》利用严谨的逻辑 、离奇的案情把法医这一职业带到了社会大众的视野。一个优秀的法医能在案件的侦破过程中起到关键的作用。下面我就来谈谈一个优秀的法医是如何养成的。

人们对于法医的理解往往局限于“尸体解剖”，其实这只是法医工作的一部分。在我国，法医工作者主要涉及与人身伤、病、残及其他生理病理状况等有关的医学问题，从而提供相关的线索和法律证据。

法医学具有与临床医学共同的特点，其基础课程与临床医学的课程基本相同。根据法医学专业的特性，其专业课凸显法理精神，主要开设刑事侦查技术、法医病理学、法医毒理学、法医临床学、法医物证、法医精神病学、法医毒物分析等。一个优秀的法医必须具有过硬的基础理论，只有系统掌握这些课程才能具有严谨的逻辑思维，从而在以后的案件侦破过程中发挥作用。此外，我们要充分利用学校提供的各种实习机会，锻炼自己，学以致用。

法医学专业的学生主要的就业方向有两个。一是在各级公安机关、检察院、法院从事法医学鉴定工作，例如，对一般刑事犯罪中造成的人身损伤，进行致伤物、致伤程度等方面的鉴定，为法官在定罪、量刑、赔偿等方面做出参考。需要大家注意的是，如果有意向进入公检法系统工作需要准备公务员考试。二是在其他鉴定机构从事法医学鉴定工作。例如，在保险公司从事核损工作。

四、专家提示

法医工作稳定、收入高，有时会接触犯罪现场，但毕竟是少数，要有心理准备。在大学期间要准备参加公务员考试，也可先就读法医学研究生或临床医学研究生。

五、院校推荐

排名	学校名称	等级	排名	学校名称	等级	排名	学校名称	等级
1	四川大学	5	3	西安交通大学	4	5	河北医科大学	4
2	中山大学	4	4	中国医科大学	4			

医学技术类

一、学科概述

医学技术类专业包括：医学检验技术、医学实验技术、医学影像技术、眼视光学、康复治疗学、口腔医学技术、卫生检验与检疫、听力与言语康复学。

医学技术类专业注重技术应用、技能培养和医学工程与技术的研究发展，旨在培养能应用相关技术辅助医生的检查和治疗的专业人才，其中包括医学影像技师、放射卫生医师、康复治疗师、听力师、验光师等。本类专业主要就业去向是医院放射科、医学影像科、超声诊断科、眼科、口腔科、康复科、检验科等。

二、职业方向

【职业方向一】心电医师

对应专业：医学影像技术。

职业内涵：负责使用心电监护设备，做心电图的检测及分析诊断，并根据心电设备的检查结果提出科学的治疗建议。

职业发展：目前，心电图作为帮助医生诊断疾病的一种行之有效的辅助手段，已普遍地被医生们应用，因此心电医师也成为各大医院不可或缺的技术人才。作为高水平的医疗质量的可靠保证，世界上医学水平发达的国家都已经建立了严格规范的心电生理和起搏专科医师准入制度。我国虽然起步稍晚，但对心电生理的研究也取得了长足的进步。起搏工程和心脏标测技术的不断发展，要求专科医师具有更精深的专门知识和技能。而今，心电医师有很大的发展潜力。

【职业方向二】临床检验技师

对应专业：医学检验技术。

职业内涵：运用医学检验方法，检验人体体液、血液、排泄物、感染微生物等标本，通过客观准确的化验指标，为临床提供可靠的实验检验信息。

职业发展：检验医学是实验和临床之间的桥梁。近年来随着检验医学的快速发展，检验新知识、新技术的不断推出，不仅临床检验项目增加了100%—200%，而且临床医师在疾病诊断、疗效判断、临床决策等方面对临床检验的依赖和信赖程度也大幅提高。当前，检验人才培养仅局限在检验技术方面是远远不够的，必须有临床型和科研型人才的介入，检验医学才能迅速发展。截至目前，大批本科毕业的检验医学人员充实到检验一线中，成为检验队伍中的一支生力军。

【职业方向三】康复科医师

对应专业：康复治疗学。

职业内涵：以应用功能训练为主，使用各种康复治疗手段，对患者进行综合康复治疗，促使因各种原因导致身心功能障碍的伤病患者和残疾者在身体上、心理上和社会上的功能得到恢复或改善，以提高其生活质量的工作。

职业发展：康复治疗学作为一门新兴学科，发展迅猛，其宗旨是修复、完善功能——肢体、言语、智力、心理等功能，提高生活自理能力、生活质量。目前，康复医师还没有专业的职业认证，只有相关的资格认证考试。康复医师要经过 5 年临床学习，再经过 3 年康复医学专业学习，考取全国执业医师（主治）资格证书之后，才能根据资质报考副主任康复医师、主任康复医师。全国各类康复技术人员不到 2 万人，其中康复治疗师只有 5000 多人，还多是从神经内科、护理及中医等其他学科进修后转过来的。我国康复人才匮乏，每年培养的康复治疗师人数仅为 700 名。

【职业方向四】验光师

对应专业：眼视光学。

职业内涵：运用验光仪、检影镜、测试镜架和测试镜片检测眼睛屈光度，对眼睛进行一般性外观检查，写出合理的验光处方，并能操作光学加工机械设备，进行眼镜研磨、加工和维修，为患者进行眼镜矫配的工作。

职业发展：验光是一门技术活，验光师其实是半个眼科医生加半个光学工程师。验光师在验光过程中可以了解消费者近视眼的产生缘由。这是电脑验光无法做到的。据统计，我国大约每 2 个人就有一副眼镜，每个人平均 4 年要更换一副眼镜。由此可见，眼镜行业消费市场空间大，前途光明。而且，现在人们对眼镜的需求越来越大，眼镜开始成为大众生活装饰品。验光师是社会上一个特殊的技术工种，非常好找工作。

【其他职业方向】医学影像技师、口腔医学技师、康复听力师等

三、专业体验

河北医科大学康复治疗学专业徐某：

康复医学在中国才起步，以后发展趋势会很好。作为康复治疗学毕业生，我刚开始也曾迷茫，不知道干什么，后来应聘于某市一家二甲医院，在康复科工作。我们主要负责制定康复治疗方案，帮助病患者进行功能恢复等相关治疗；负责患者的检诊，确定治疗的种类、剂量、疗程，严防差错事故，做好医疗安全工作；注意观察病情、治疗效果及反应，如有反应及时处理；负责功能障碍的相关课程开发及培训工作；提

供康复理疗咨询服务。辛苦倒也辛苦点，但看到患者在我们的治疗下，逐渐恢复一些功能，提高了生活质量，我们也替患者及其家属感到高兴。

这一两年医院对专业康复治疗师的需求越来越大，因为国家要求所有三级医院必须开设康复科。

四、专家提示

“小科”不小。在既想学医，又不想太累的前提下，医学技术类专业越来越受追捧，发展前景广阔。

此类专业旨在培养紧密配合临床医生医疗服务工作，掌握特殊医疗技术与医疗技能的高级技师和治疗师。有的院校采取大类招生模式，学生进校后在完成基础课程学习后，于大二上学期依据学习成绩、志愿等分专业，大二下学期按专业方向学习。此类专业，色弱者不能报考。

五、院校推荐

排名	学校名称	等级	排名	学校名称	等级	排名	学校名称	等级
1	南京医科大学	5	11	天津医科大学	4	21	贵阳医学院	4
2	华中科技大学	5	12	广州医科大学	4	22	安徽医科大学	4
3	中山大学	5	13	福建医科大学	4	23	新乡医学院	4
4	北京大学	5	14	大连医科大学	4	24	山西医科大学	4
5	中国医科大学	5	15	苏州大学	4	25	滨州医学院	4
6	温州医科大学	5	16	蚌埠医学院	4	26	新疆医科大学	4
7	首都医科大学	5	17	东南大学	4	27	华北理工大学	4
8	重庆医科大学	4	18	宁夏医科大学	4	28	潍坊医学院	4
9	哈尔滨医科大学	4	19	南方医科大学	4			
10	四川大学	4	20	南昌大学	4			

护理学类

一、学科概述

护理学类专业包括：护理学。

护理学类专业是培养能在各医疗卫生保健机构从事护理工作的应用型专业人才。它通过对不同的人各阶段的生理、心理需求进行科学研究，并应用系统的护理模式，有针对性地给人以满足，确保人们达到最佳的健康状况。

二、职业方向

【职业方向】护理人员

对应专业：护理学。

职业内涵：在医院、保健康复中心、敬老院等单位从事病弱患者的护理工作。

职业发展：护理学类是医学类里面特别好就业的专业。据卫生部统计，到 2015 年中国的护士数量增加到了 230 多万人，平均年净增加 11.5 万人。这为学习护理专业的毕业生提供了广阔的就业舞台。随着我国老龄化社会的到来，将来从事老人医学的人才将走俏，保健医师、家庭护士也将成为热门人才。另外，专门为个人服务的护理人员的需求量也在增大。业内专家介绍说，护理职业一直是国际上地位较高、薪水丰厚的职业之一。因此，有深厚的专业知识、较高的综合素质和流畅的国际交流语言的护士的发展前景十分广阔。

【其他职业方向】紧急医疗救护人员

三、专业体验

承德医学院护理专业刘某：

护理这个专业，要学习基础医学、预防保健、人文社会科学的基本理论知识，护理学的基本理论知识和操作技术，常见病、多发病和危急重症患者的护理，基本药理知识、临床合理用药方法和用药观察等知识。主要课程有：医学伦理学、护理学导论、基础护理学、健康评估、内科护理学、外科护理学、妇产科护理学、儿科护理学、急救护理学、精神科护理学、预防医学、护理管理学等。

我们学校护理专业毕业生的就业前景一直很好，甚至有的医院直接到学校“预定”

毕业生，尤其是男护更好就业，他们甚至进了北京知名大医院。可以说护理学专业就业情况一直非常好，几乎是年年100％就业。我觉得就业是不需要担心的，关键是你是否愿意从事这项工作。

四、专家提示

不少院校的护理学专业都设五年学制。为适应用人单位的需要，部分院校的护理学专业只招收女生。

五、院校推荐

排名	学校名称	等级	排名	学校名称	等级	排名	学校名称	等级
1	四川大学	5	13	天津医科大学	4	25	郑州大学	4
2	中山大学	5	14	同济大学	4	26	南京中医药大学	4
3	山东大学	5	15	南京医科大学	4	27	西安交通大学	4
4	华中科技大学	5	16	武汉大学	4	28	北京协和医学院	4
5	首都医科大学	5	17	复旦大学	4	29	广东医学院	4
6	南方医科大学	5	18	福建医科大学	4	30	新疆医科大学	4
7	重庆医科大学	5	19	承德医学院	4	31	温州医科大学	4
8	北京大学	5	20	青岛大学	4	32	安徽医科大学	4
9	哈尔滨医科大学	5	21	上海交通大学	4	33	石河子大学	4
10	山西医科大学	4	22	广州医科大学	4	34	湖北中医药大学	4
11	吉林大学	4	23	新乡医学院	4	35	浙江中医药大学	4
12	苏州大学	4	24	广西医科大学	4	36	成都中医药大学	4

管理科学与工程类

一、学科概述

管理科学与工程类专业包括：管理科学、信息管理与信息系统、工程管理、房地产开发与管理、工程造价、保密管理。

管理科学与工程类专业主要是研究如何对企事业单位、房地产企业和工程等进行管理的学问，是一门技术性很强的应用科学。具体来说包括以下几个方面：如何对企事业单位的生产运营活动进行规划、设计、评价和创新，如何在工程的实施中进行预算造价，如何对房地产进行开发、营销、经营管理和评估等。它培养的是能在上述活动中从事经营管理的高级人才。

二、职业方向

【职业方向一】企事业单位技术员

对应专业：管理科学、信息管理与信息系统、工程管理、保密管理、工程造价。

职业内涵：在企事业单位进行生产或经营管理工作。

职业发展：小到一家零售企业连锁店，大到国家层面的经济规划与管理，无处不需要懂技术、会管理的复合型人才，这是经济信息化时代的突出特征。特别需要提出的是：伴随“供给侧”改革的深入，企事业单位的转型升级加快，规模化、规范化、标准化的经营模式逐渐被大型企业接受并应用，这些企业需要大量的管理类专业人才，可以说此类专业就业市场非常广阔。

【职业方向二】房地产评估师

对应专业：房地产开发与管理、工程管理、工程造价。

职业内涵：为房地产做专业估价的工作。工作内容包括项目的成本测算、可行性分析及投资评估，建立、完善房地产资产成本结构和收益评价分析体系，评估房地产资产的市场价值和使用收益，参与制定房地产投资策略，提出专业意见等。

职业发展：近年来国家不断加大对房地产的调控力度，使之规范化、标准化，这对从业者来讲既是机遇也是挑战，谁占有更多优势资源，谁就能在激烈的竞争中胜出，所以高端专业人才是不愁没市场的。从另一个角度讲，伴随着二手房交易市场的扩容，房屋买卖日益频繁，其间房地产估价师的作用不可或缺，市场需求会变得越来越大。

【职业方向三】监理工程师

对应专业：房地产开发与管理、工程管理、工程造价。

职业内涵：监理工程师是一份令人尊敬的职业，在技术领域的地位等同于法律领域的律师和医疗领域的医生，代表业主监控工程质量，是业主和承包商之间的纽带。

职业发展：我国在建设领域全面推行工程监理制度。从工程建设的前期策划、设计管理，到工程招标、施工的全过程，包括进度、造价、质量及安全等方面的全方位管理需求，都为工程监理行业的发展创造了良好机遇。目前监理工程师在国内的缺口很大，就业前景非常乐观。

【其他职业方向】建筑技术员、预算师、施工工程师、企业信息管理员等

三、专业体验

复旦大学工程管理专业王某：

我觉得管理科学与工程类专业是一门应用技术，主要是研究人、物料、设备、能源和信息组成的综合系统，它不像纯文科专业那样空泛，也不似纯理科专业那样枯燥，学的东西非常实用，也很有意思。如人机学主要研究人与机器的最佳结合点，使人能更安全、更舒适地工作；系统工程研究的主要对象是生产线的优化。

当然我最看好的还是它的就业前景。“一带一路”的发展会带动相关产业与项目的迅速跟进，到时候我们会有很多大展宏图的机会：我们可以结合电子商务，优化企业流程；可以参与工程设计、工程造价；可以利用信息技术，提高企业竞争力；可以从事工程监理工作……

四、专家提示

管理科学与工程类专业虽然文理兼收，但对数学要求比较高，要求用理科的逻辑思维去考虑问题，所以文科的学生慎重考取。

五、院校推荐

排名	学校名称	等级	排名	学校名称	等级	排名	学校名称	等级
1	哈尔滨工业大学	5	21	南昌大学	5	41	西安电子科技大学	4
2	清华大学	5	22	南开大学	5	42	福州大学	4
3	大连理工大学	5	23	四川大学	5	43	东北财经大学	4
4	天津大学	5	24	北京理工大学	5	44	广东工业大学	4

续表

排名	学校名称	等级	排名	学校名称	等级	排名	学校名称	等级
5	浙江大学	5	25	上海理工大学	5	45	山西财经大学	4
6	西安交通大学	5	26	华中师范大学	5	46	南京农业大学	4
7	武汉大学	5	27	河海大学	5	47	华东师范大学	4
8	合肥工业大学	5	28	西南财经大学	5	48	苏州大学	4
9	北京航空航天大学	5	29	上海大学	5	49	山西大学	4
10	中南大学	5	30	吉林大学	5	50	西北大学	4
11	北京大学	5	31	同济大学	5	51	郑州大学	4
12	华中科技大学	5	32	东南大学	4	52	河南财经政法大学	4
13	中国科学技术大学	5	33	天津理工大学	4	53	华南师范大学	4
14	复旦大学	5	34	厦门大学	4	54	中国石油大学(北京)	4
15	山东大学	5	35	中南财经政法大学	4	55	中国石油大学(华东)	4
16	南京大学	5	36	南京航空航天大学	4	56	江苏大学	4
17	北京师范大学	5	37	中央财经大学	4	57	北京交通大学	4
18	中国人民大学	5	38	北京信息科技大学	4	58	南京理工大学	4
19	重庆大学	5	39	西北工业大学	4	59	江西财经大学	4
20	中山大学	5	40	华东理工大学	4	60	云南财经大学	4

工商管理类

一、学科概述

工商管理类专业包括：工商管理、市场营销、会计学、审计学、财务管理、国际商务、人力资源管理、资产评估、物业管理、文化产业管理、劳动关系、体育经济与管理、财务会计教育、市场营销教育。

工商管理类专业是一门跨自然科学、工程科学、技术科学以及人文社会科学的综合性交叉科学，主要研究如何对企事业单位进行管理的理论与实务（具体包括如何对企事业单位进行行政管理、财务管理、人事管理、审计管理等），旨在培养“商业精英”、市场“生意人”与财务管理专家。就业渠道主要集中在以下几个领域：一是各级政府、企业的管理部门；二是会计师事务所和其他类型的咨询服务等中介企业；三是包括银行、证券公司等在内的各类金融机构。

二、职业方向

【职业方向一】会计师

对应专业：会计学、市场营销、工商管理、审计学、财务管理、国际商务、资产评估、财务会计教育。

职业内涵：在各类企事业单位从事会计工作，记录反映企业的财务状况、经营成果和现金流量，并对企业经营活动和财务收支进行监督。

职业发展：任何单位、任何时候，只要有资金活动就需要会计，可以说市场空间很大。

【职业方向二】审计师

对应专业：审计学、会计学、市场营销、工商管理、财务管理。

职业内涵：审计就是审会计，广泛分布于各类企事业单位及政府的审计部门。从事检查并进一步证实公司会计账目和报告的正确性、合理性和可接受性的工作。

职业发展：从国家层面上讲，反腐倡廉是目前和今后相当长时期内的重要工作任务之一，国家审计会不断加强；从企业层面上讲，随着粗放经营阶段的结束，精细化、规范化经营需要完善的内部审计制度。这就为审计专业的学生提供了很大的发展空间。

【职业方向三】职业经理人

对应专业：工商管理、市场营销、财务管理、国际商务、人力资源管理、劳动关系、体育经济与管理。

职业内涵：就是专门替业主打点企业的管理者，以经营管理企业为职业，将所经营企业成功视为自己人生成功，通过管理企业来实现自身价值的专职管理者。

职业发展：随着企业转型升级的加快，家族式企业经营的诸多弊端越来不适应现代管理的需求，职业经理人应运而生，并迅速壮大。从长远看，职业经理人具有广阔的发展前景。

【其他职业方向】行政秘书和助理、出纳员、柜员和租赁服务员、人力资源助理、文职人员等

三、专业体验

厦门大学会计学专业陈某：

学会计快一年了，感觉会计是既需要理解又需要背诵的学科，知识点很多很细。

会计专业还要学经济学、经济法、管理学等方面的知识，大部分都是文科，都需要背。对于会计这门学科来说，一定要奠定扎实的理论基础，勤看书、多练习，切勿盲目地为了毕业而学习，至少在校期间就应该进行各方面的尝试，如参加 ACCA 的考试等，这样你在毕业以后才能有更好更充分的选择余地。另外，在工作实践中要虚心向前辈们学习，切勿自以为是。会计并不是单靠学历论人的，随着经验的增长你会慢慢有所了解。如果想做一名会计，就要做好不断学习的准备，因为会计每年都会有变化，改革的次数比你从小到大的考试都多，所以要有心理准备。

四、专家提示

此类专业开设院校多，选择空间大，首选当然是实力强劲的名牌高校，如北京大学光华管理学院、清华大学经管学院、中国人民大学等。当然，也可以选择各省的财经院校，如江西财经大学工商管理学院、西南财经大学工商管理学院等。

此类专业院校多按大类招生，考生要看清分流专业。例如：北京工商大学工商管理类（本科类）包括工商管理、市场营销、人力资源管理、旅游管理、管理科学 5 个专业。

会计学较热，几乎在每一所学校会计学都是管理类中录取分数最高的专业。其实完全可以报财务管理、审计学等相近专业，学习内容大同小异，毕业也可从事会计工作。

五、院校推荐

排名	学校名称	等级	排名	学校名称	等级	排名	学校名称	等级
1	中国人民大学	5	21	北京交通大学	5	41	西安理工大学	5
2	厦门大学	5	22	福州大学	5	42	西南交通大学	5
3	中山大学	5	23	首都经济贸易大学	5	43	云南财经大学	4
4	西安交通大学	5	24	华中科技大学	5	44	电子科技大学	4
5	清华大学	5	25	四川大学	5	45	重庆工商大学	4
6	上海财经大学	5	26	辽宁大学	5	46	天津大学	4
7	东北财经大学	5	27	华南理工大学	5	47	东南大学	4
8	西南财经大学	5	28	山西财经大学	5	48	中国海洋大学	4
9	中南财经政法大学	5	29	武汉大学	5	49	东华大学	4
10	中央财经大学	5	30	合肥工业大学	5	50	武汉理工大学	4
11	南开大学	5	31	山东大学	5	51	河北经贸大学	4
12	北京大学	5	32	天津财经大学	5	52	苏州大学	4
13	南京大学	5	33	大连理工大学	5	53	浙江财经大学	4
14	对外经济贸易大学	5	34	哈尔滨工业大学	5	54	浙江大学	4
15	江西财经大学	5	35	中南大学	5	55	同济大学	4
16	暨南大学	5	36	哈尔滨商业大学	5	56	中国地质大学(武汉)	4
17	重庆大学	5	37	湖南大学	5	57	深圳大学	4
18	吉林大学	5	38	北京科技大学	5	58	云南大学	4
19	东北大学	5	39	上海交通大学	5	59	北京理工大学	4
20	复旦大学	5	40	浙江工业大学	5	60	华东理工大学	4

公共管理类

一、学科概述

公共管理类专业包括：公共事业管理、行政管理、劳动和社会保障、土地资源管理、城市管理、海关管理、交通管理、海事管理、公共关系学、农林经济管理、农村区域发展、图书馆学、档案学、信息资源管理、旅游管理、酒店管理、会展经济与管理、旅游管理与服务教育。

公共管理是指以政府为核心的公共部门整合社会的各种力量，广泛运用政治的、经济的、管理的、法律的方法，强化政府的治理能力，提升政府绩效和公共服务品质，从而实现公共福利与公共利益。公共管理涵盖了道路交通、文教、卫生、体育、环保、社保、旅游、农林、艺术等领域，目的是培养既具有管理、经济基础，又懂法律，并且具有较高的经营、策划、调研、公关能力，毕业后能在教、科、文、卫等公共事业单位和行政管理部门从事管理工作的高级专门人才。

二、职业方向

【职业方向一】公务员

对应专业：本学科所有专业。

职业内涵：在各级各类政府部门从事管理、研究、宣传等工作。

职业发展：公务员的职业优势是有目共睹的，所以公务员考试受到了前所未有的热捧，特别是一些热门岗位，堪称“一职难求”。相对来讲，基层的发展机会更多一些，毕竟基层具备高学历、高水平的人才相对比较少，只要你努力并选对了方向，机会还是有的。

【职业方向二】秘书、文员

对应专业：本学科所有专业。

职业内涵：指从事办公室程序性工作，协助领导处理政务及日常事务并为领导决策及其实施提供服务。

职业发展：秘书工作需要具备基本的职业道德、社交礼仪、办公室日常事务处理技能、各类公文写作以及档案管理等技能。秘书职业需求范围非常广，不仅广泛存在于政府机关、企事业单位和社会团体中，而且一些民营企业和个人都开始聘用秘书，可以说市场空间很大。秘书职业除了工作压力小和有舒适的工作环境外，还有较多的机会接受企业和机关的内部培训，容易成长为专业管理人员。

【职业方向三】酒店、会展公司工作人员

对应专业：旅游管理、酒店管理、会展经济与管理、旅游管理与服务教育。

职业内涵：在酒店、旅行社、会展公司等从事日常事务，为服务对象提供相应服务的工作。

职业发展：这类专业就业形式非常乐观，毕业生可在各会展服务公司、会展服务网络中心、展览中心、各大博物馆展陈部、企事业单位的广告策划部从事会展经营管理工作。酒店管理专业是全球十大热门行业之一，高级酒店管理人才在全球一直都是很紧缺的，随着越来越多的国际大型活动将在中国举行，中国对旅游、酒店管理专业人才的需求也日益增大。目前，全世界已有 17 个国际酒店管理集团在上海投资或管理高星级酒店。酒店行业在不断扩充，对人才的需求也会不断增加。

【其他职业方向】人力资源助理、会计、招聘专职人员、文职人员等

三、专业体验

东北农业大学土地资源管理专业刘某：

我们学校这个专业开的课很多，包括：管理学、经济学、土地资源学、土地管理学、土地经济学、土地规划学、地籍管理学、城市规划学、土地信息系统、测量学、不动产估价、房地产经营管理、房地产投资与开发、土木建筑工程概论、房地产法学等。总体感觉是学的内容比较杂，学得不是很深入。不同的学校，学习的侧重点也不一样。毕业后可以从事测绘、土地整理、土地估价、地勘、房地产策划、施工等工作。

土地资源管理专业应该是蛮有前途的，毕业后可在国土局、建设局、规划局、农林部门等工作，都是很不错的单位，当然要进这些部门需要通过公务员考试。

我们学校往届的毕业生，大体有三个去向。一是考研。每年都有三分之一的毕业生选择考研，大部分是读本校的。研究生毕业后有去国土资源部的，有去省国土厅的和省建设厅的。二是考公务员。这部分毕业生大概也占三分之一，其就业分布比较广，以土地局、测绘局、房管局为主。三是自谋职业。有不少人去南方发展了，一般是搞规划、测绘、房地产开发等，也有转行的。

四、专家提示

公共管理类专业一般文理兼收，看上去高大上，实际上不是很实用，属于就业率较低的一类。该类专业知识庞杂，学生涉猎广泛，但学得不够深入、具体，所以影响到就业，是真正的“万金油专业”。此类专业在招生录取时也是分数比较低的一类。毕

业生的出路有：考研（跨专业）、公务员、人力资源、行政管理、创业等，但旅游管理、酒店管理、会展经济与管理、旅游管理与服务教育几个专业性价比较高，也好就业。

五、院校推荐

排名	学校名称	等级	排名	学校名称	等级	排名	学校名称	等级
1	武汉大学	5	21	兰州大学	5	41	首都经济贸易大学	4
2	中国人民大学	5	22	西北大学	5	42	长安大学	4
3	中山大学	5	23	西安交通大学	5	43	东北师范大学	4
4	复旦大学	5	24	华东师范大学	5	44	南京师范大学	4
5	南京农业大学	5	25	厦门大学	5	45	华东政法大学	4
6	山东大学	5	26	南开大学	5	46	山西农业大学	4
7	中南财经政法大学	5	27	湘潭大学	5	47	湖南师范大学	4
8	上海交通大学	5	28	东北财经大学	5	48	华南理工大学	4
9	浙江大学	5	29	贵州大学	5	49	河南大学	4
10	南京大学	5	30	北京航空航天大学	4	50	南昌大学	4
11	东北大学	5	31	华南农业大学	4	51	上海师范大学	4
12	北京大学	5	32	西南大学	4	52	山西大学	4
13	四川大学	5	33	对外经济贸易大学	4	53	山西财经大学	4
14	大连海事大学	5	34	河北师范大学	4	54	中央民族大学	4
15	云南大学	5	35	中南大学	4	55	上海海事大学	4
16	吉林大学	5	36	南京医科大学	4	56	中南民族大学	4
17	北京师范大学	5	37	华中师范大学	4	57	山东农业大学	4
18	华中科技大学	5	38	中央财经大学	4	58	中国政法大学	4
19	郑州大学	5	39	云南财经大学	4	59	河北经贸大学	4
20	苏州大学	5	40	华南师范大学	4	60	哈尔滨医科大学	4

物流管理与电子商务类

一、学科概述

物流管理与电子商务类专业包括：物流管理、物流工程、采购管理、电子商务、电子商务及法律。

物流是一门新兴的学科，它的主要任务是衔接社会经济各个环节——供应链物流过程中各主体活动的空间和时间，根据物质资料实体流动的规律，应用管理的基本原理和科学方法，对物流活动进行计划、组织、指挥、协调、控制和监督，使各项物流活动实现最佳的协调与配合，以降低物流成本，提高物流效率和经济效益。电子商务的本质就是将现实中的商业贸易行为电子信息化，通过信息处理商业贸易过程中的所有环节。而依托物流业的电子商务正处于蓬勃发展中，通过电子商务，物流可以从根本上提高服务水平的层次。毕业生的就业范围非常广，可在经济管理部门、贸易公司、物流企业，从事物流规划与设计、物流管理、采购与供应链管理、电子商务运作与管理等工作。

二、职业方向

【职业方向一】物流师

对应专业：物流管理、物流工程、采购管理。

职业内涵：在物流领域专门从事调度、供应、采购、运输、储存及产成品加工、包装、回收、处理等与物流相关的工作。

职业发展：物联网把整个世界都联系在了一起，目前物流从业队伍不断壮大，但从总体来看这个行业的多数岗位技术含量不是很高，经过短期培训的操作员可以完成许多工作，而对高端专业人才的需求反倒不是很强烈。但随着“一带一路”的发展，我国与世界的国际贸易往来逐年增加，对熟练掌握英语，精通经济、管理、法律知识的高端人才的需求日渐强烈。

【职业方向二】物流工程师

对应专业：物流管理、物流工程、电子商务。

职业内涵：在制造、商贸、物流企业从事物流系统分析设计、物流系统运营管理、物流项目规划建设等相关技术及管理工作。

职业发展：物流工程师在物流行业属于技术人员，就业前景十分看好。我国现代物流发展尚处于起步阶段，配送体系还不够健全，从中央到地方以及许多市场意识敏锐的企业都意识到了这一点，已把物流作为提高市场竞争力和提升企业核心竞争力的重要手段。可以想象，物流工程师的市场空间会进一步扩大。

【职业方向三】电子商务师

对应专业：电子商务、电子商务及法律。

职业内涵：通过网络商务平台等现代信息技术，从事各类商务活动的工作。

职业发展：以“互联网＋”为平台的“新经济”为社会创造了大量新工作岗位，如网站设计师、网站美工师、数据库管理员、网络应用开发工程师、网游设计师、网络营销员、网络编辑、网络安全工程师、系统工程师、动漫设计师等。像传统企业一样，网络公司的人力资源、财务、行政等部门也需要吸收大量优秀人才。很明显，互联网无疑是个朝阳行业，电子商务师的发展空间很大。

【其他职业方向】互联网管理员、仓储及配送经理、货运代理、出纳员等

三、专业体验

东北大学物流工程专业李某：

我们这个专业特别注重计算机能力的培养，要学习各种计算机语言、数据库。进校的时候觉得这个专业不会太累，但随着学习的深入，发现自己太天真了，这是个超级累的专业。不过听说毕业后工作还是比较好找的，而且薪酬待遇还不错。

物流工程专业至今国际上没有很明确的定义，我们学的内容很多、很杂，甚至有些不成系统。我们专业的精髓是：运用工业工程和系统工程的理论在物流管理中，把生产、流通和消费全过程看作一个整体，运用系统工程的理论和方法进行物流系统的规划、管理和控制，选择最优方案，以最低的物流费用、最高的物流效率、最好的顾客服务，达到提高企业社会经济效益和经济效益的目的。我觉得你如果属于敢闯敢拼的人，可以选择这个专业，非常容易做出成绩。

我还没毕业，对于就业方面的情况也不是特别了解，但是我们专业在我们院就业率是最高的。听学长说，找工作的方向也是挺多的，反正不会当快递员的。

四、专家提示

物流专业不是男生的专利，女生也可报考。在学好专业课的同时，如果能掌握些经济贸易方面的知识，打好英语基础，那么就业前景还是相当不错的。

五、院校推荐

排名	学校名称	等级	排名	学校名称	等级	排名	学校名称	等级
1	北京交通大学	5	21	江西财经大学	4	41	上海对外经贸大学	4
2	大连理工大学	5	22	北京科技大学	4	42	广州商学院	4
3	北京航空航天大学	5	23	西南财经大学	4	43	广东科技学院	4
4	武汉理工大学	5	24	中央财经大学	4	44	营口理工学院	4
5	云南财经大学	5	25	武汉大学	4	45	南通理工学院	4
6	西南交通大学	5	26	天津科技大学	4	46	东华大学	4
7	重庆大学	5	27	华北电力大学	4	47	河南工业大学	4
8	浙江大学	5	28	东南大学	4	48	重庆交通大学	4
9	北京物资学院	5	29	长安大学	4	49	深圳大学	4
10	对外经济贸易大学	5	30	四川工业科技学院	4	50	湖南工学院	4
11	中山大学	5	31	东北财经大学	4	51	桂林航天工业学院	4
12	华中科技大学	5	32	石河子大学	4	52	北京工商大学	4
13	同济大学	5	33	浙江工业大学	4	53	北京邮电大学	4
14	哈尔滨商业大学	5	34	天津大学	4	54	广东工业大学	4
15	大连海事大学	5	35	中南大学	4	55	北京吉利学院	4
16	南开大学	5	36	上海海事大学	4	56	长沙理工大学	4
17	华南理工大学	5	37	福州大学	4	57	安徽工业大学	4
18	吉林大学	5	38	山东科技大学	4	58	重庆工商大学	4
19	广州工商学院	5	39	广东外语外贸大学	4	59	河南牧业经济学院	4
20	暨南大学	5	40	郑州财经学院	4	60	大连工业大学	4

艺 术 类

一、学科概述

艺术类专业包括：艺术史论、音乐表演、音乐学、作曲与作曲技术理论、舞蹈表演、舞蹈学、舞蹈编导、表演、戏剧学、电影学、戏剧影视文学、广播电视编导、戏剧影视导演、戏剧影视美术设计、录音艺术、播音与主持艺术、动画、影视摄影与制作、美术学、绘画、雕塑、摄影、书法学、中国画、艺术设计学、视觉传达设计、环境设计、产品设计、服装与服饰设计、公共艺术、数字媒体艺术、艺术与科技。

艺术是人类的精神食粮。音乐、美术、舞蹈、雕塑等都是美的艺术形式的体现。艺术源于生活，在生活中寻找灵感；同时艺术又高于生活，极富创造力和想象力。艺术类是很有个性的专业类，先天资质很重要，同时还需要较长时期的艺术培养。毕业后可以到中小学、大学、各类培训学校任教，也可到电影制片厂、文艺团体、广播、电视台、报社、杂志社等单位任职。总之，随着人们对精神追求的不断提高，艺术正以前所未有的深度与广度走进大众的生活。

二、职业方向

【职业方向一】演员

对应专业：音乐学、音乐表演、舞蹈学、舞蹈编导、戏剧学、表演、导演、播音与主持艺术。

职业内涵：在影视公司、模特公司、艺术团体等从事演艺工作。

职业发展：近年来，随着我国影视界的繁荣和舞台剧的复兴，各种单位对演员的需求量也有所增加，新人有更多的机会进行尝试。虽然面临的就业竞争十分激烈，但对于具有较强的理解、表演、沟通能力，领悟到导演、摄影的表述，找到一份合适的工作，甚至成为明星的机会还是有的。若干年后，多数是转行，从事演艺界的管理、策划、组织工作，继续留在演艺圈的也多在跑龙套。站在金字塔顶端的是屈指可数的几个明星、艺人，更多的人终生默默无闻。相关专业毕业生还可拓宽自己的就业渠道，向一些与影视相关的其他行当发展。

【职业方向二】艺术设计师、动漫师

对应专业：艺术设计学、视觉传达设计、环境设计、产品设计、动画。

职业内涵：在各类企业从事产品艺术设计的工作。

职业发展：艺术设计有很多方向，每个方向又有一定的独立性，但无可否认的是它的就业领域十分宽广：时装模具设计、日用品的造型设计、动画影视设计、展览展示、环境建筑设计等。目前，我国各种设计公司如雨后春笋般迅速成长，对人才的需求也很大。但艺术类专业每年的毕业生数以万计，所以在就业上既有机遇，又有挑战。

【职业方向三】自由职业者

对应专业：本学科所有专业。

职业内涵：独立工作，不隶属于任何组织的人，如自由撰稿人、画家、舞蹈家、音乐工作者、演员等。

职业发展：艺术类专业较其他专业更容易成为自由职业者。一方面是因为学艺术的人有一技之长；另一方面是人们对艺术教育与欣赏的需求，在正规教育机构不能得到完全满足。这就为从事艺术工作的人创造了很大的市场空间。同时，随着物质生活水平的提高，人们对艺术的追求更加强烈，艺术产品市场价值很容易得到市场认可。现代社会中，摄影工作室、画廊、自由撰稿人、舞蹈工作室等都有艺术专业学生的身影，可以说市场空间很大。

【其他职业方向】中小学教师、初级职业教育教师、文职人员、文化传媒公司人员等

三、专业体验

北京电影学院戏剧影视文学专业王某：

我喜欢文学、艺术，上大学顺理成章地选择了戏剧影视文学专业。

我们专业的主要课程是戏剧、戏曲剧本写作、影视写作、戏剧概论、戏剧鉴赏与批评、影视作品欣赏、中外戏剧史、电影史、文学史等。我们的作业，很多时候是看电影、看演出，当然不是通常意义上的看情节、看热闹，需要带着学习、审视的眼光看，从欣赏中学习知识，加深对相关理论的理解，当然看完后还要写影评。偶尔看场电影，是件赏心悦目的事，可是如果你总是在带着任务看，难免会产生腻烦。

我们也经常自编、自导、自演一些小片子，剧本、场地、道具、灯光、摄影、剪辑、演员等全部由我们自己来做，辛苦自不必说，费用也完全由我们自己筹集。当然我们也过了把“戏瘾”，锻炼了自己的能力。

说到就业，我还是很乐观的，学长有进剧组的，有进公司搞广告策划的，还有考研的，大概各占三分之一吧。我觉得只要你努力，有自己的个性特长，面包总会有的。

四、专家提示

报考艺术类专业考生一般需要先进行专业测试，同时也要参加全国统考，要专业和文化过双线。专业方面的考试分为校考和联考。有些专业会对身体条件有一定要求，比如：非色盲色弱，男身高 1.70 米，女身高 1.60 米以上，裸眼视力 5.0 以上，无平足。

五、院校推荐

排名	学校名称	等级	排名	学校名称	等级	排名	学校名称	等级
1	中国传媒大学	5	21	广西艺术学院	5	41	西南大学	4
2	中国美术学院	5	22	上海大学	5	42	华南师范大学	4
3	中央美术学院	5	23	哈尔滨师范大学	5	43	西安音乐学院	4
4	中央音乐学院	5	24	山东艺术学院	5	44	南昌大学	4
5	南京艺术学院	5	25	四川师范大学	5	45	华东师范大学	4
6	中央戏剧学院	5	26	星海音乐学院	5	46	北京大学	4
7	上海戏剧学院	5	27	四川大学	5	47	新疆师范大学	4
8	上海音乐学院	5	28	湖南师范大学	5	48	山东师范大学	4
9	首都师范大学	5	29	武汉音乐学院	5	49	四川文化艺术学院	4
10	沈阳音乐学院	5	30	四川传媒学院	5	50	天津师范大学	4
11	四川美术学院	5	31	北京电影学院	5	51	华中师范大学	4
12	四川音乐学院	5	32	内蒙古师范大学	5	52	山东工艺美术学院	4
13	西安美术学院	5	33	陕西师范大学	5	53	临沂大学	4
14	东南大学	5	34	福建师范大学	5	54	江西师范大学	4
15	云南艺术学院	5	35	浙江传媒学院	5	55	聊城大学	4
16	鲁迅美术学院	5	36	中央民族大学	5	56	河南大学	4
17	中国音乐学院	5	37	江西科技学院	5	57	大连工业大学	4
18	广州美术学院	5	38	吉林艺术学院	5	58	西安工程大学	4
19	东北师范大学	5	39	中国戏曲学院	5	59	内蒙古民族大学	4
20	湖北美术学院	5	40	上海师范大学	4	60	杭州师范大学	4

附录：普通高等学校本科专业目录（2012 年）

一、《普通高等学校本科专业目录（2012 年）》是高等教育工作的基本指导性文件之一。它规定专业划分、名称及所属门类，是设置和调整专业、实施人才培养、安排招生、授予学位、指导就业，进行教育统计和人才需求预测等工作的重要依据。

二、本目录根据《教育部关于进行普通高等学校本科专业目录修订工作的通知》（教高〔2010〕11 号）要求，按照科学规范、主动适应、继承发展的修订原则，在 1998 年原《普通高等学校本科专业目录》及原设目录外专业的基础上，经分科类调查研究、专题论证、总体优化配置、广泛征求意见、专家审议、行政决策等过程形成的。

三、本目录的学科门类与国务院学位委员会、教育部 2011 年印发的《学位授予和人才培养学科目录（2011 年）》的学科门类基本一致，分设哲学、经济学、法学、教育学、文学、历史学、理学、工学、农学、医学、管理学、艺术学 12 个学科门类。新增了艺术学学科门类，未设军事学学科门类，其代码 11 预留。专业类由修订前的 73 个增加到 92 个；专业由修订前的 635 种调减到 506 种。本目录哲学门类下设专业类 1 个，4 种专业；经济学门类下设专业类 4 个，17 种专业；法学门类下设专业类 6 个，32 种专业；教育学门类下设专业类 2 个，16 种专业；文学门类下设专业类 3 个，76 种专业；历史学门类下设专业类 1 个，6 种专业；理学门类下设专业类 12 个，36 种专业；工学门类下设专业类 31 个，169 种专业；农学门类下设专业类 7 个，27 种专业；医学门类下设专业类 11 个，44 种专业；管理学门类下设专业类 9 个，46 种专业；艺术学门类下设专业类 5 个，33 种专业。

四、新目录分为基本专业（352 种）和特设专业（154 种），并确定了 62 种专业为国家控制布点专业。特设专业和国家控制布点专业分别在专业代码后加“T”和“K”表示，以示区分。

五、本目录所列专业，除已注明者外，均按所在学科门类授予相应的学位。对已注明了学位授予门类的专业，按照注明的学科门类授予相应的学位；可授两种（或以上）学位门类的专业，原则上由有关高等学校确定授予其中一种。

01 学科门类：哲学

0101 哲学类

哲学　逻辑学　K 宗教学　T 伦理学

02 学科门类：经济学

0201 经济学类

经济学　经济统计学　T 国民经济管理　T 资源与环境经济学　T 商务经济学　T 能源经济

0202 财政学类

K 财政学　税收学

0203 金融学类

K 金融学　金融工程　保险学　投资学　T 金融数学　T 信用管理（可授经济学或管理学学士学位）　T 经济与金融

0204 经济与贸易类

国际经济与贸易　贸易经济

03 学科门类：法学

0301 法学类

K 法学　T 知识产权　T 监狱学

0302 政治学类

政治学与行政学　国际政治　外交学　T 国际事务与国际关系　T 政治学、经济学与哲学

0303 社会学类

社会学　社会工作　T 人类学　T 女性学　T 家政学

0304 民族学类

民族学

0305 马克思主义理论类

科学社会主义　中国共产党历史　思想政治教育

0306 公安学类

K 治安学　K 侦查学　K 边防管理　TK 禁毒学　TK 警犬技术　TK 经济犯罪侦查　TK 边防指挥　TK 消防指挥　TK 警卫学　TK 公安情报学　TK 犯罪学　TK 公安管理学　TK 涉外警务　TK 国内安全保卫　TK 警务指挥与战术

04 学科门类：教育学

0401 教育学类

教育学　科学教育　人文教育　教育技术学（可授教育学或理学或工学学士学位）　艺术教育（可授教育学或艺术学学士学位）　学前教育　小学教育　特殊教育　华文教育

0402 体育学类

体育教育　K 运动训练　社会体育指导与管理　K 武术与民族传统体育　运动人体科学　T 运动康复（可授教育学或理学学士学位）　T 休闲体育

05 学科门类：文学

0501 中国语言文学类

汉语言文学　汉语言　汉语国际教育　中国少数民族语言文学　古典文献学　T 应用语言学　T 秘书学

0502 外国语言文学类

英语　俄语　德语　法语　西班牙语　阿拉伯语　日语　波斯语　朝鲜语　菲律宾语　梵语巴利语　印度尼西亚语　印地语　柬埔寨语　老挝语　缅甸语　马来语　蒙古语　僧伽罗语　泰语　乌尔都语　希伯来语　越南语　豪萨语　斯瓦希里语　阿尔巴尼亚语　保加利亚语　波兰语　捷克语　斯洛伐克语　罗马尼亚语　葡萄牙语　瑞典语　塞尔维亚语　土耳其语　希腊语　匈牙利语　意大利语　泰米尔语　普什图语　世界语　孟加拉语　尼泊尔语　克罗地亚语　荷兰语　芬兰语　乌克兰语　挪威语　丹麦语　冰岛语　爱尔兰语　拉脱维亚语　立陶宛语　斯洛文尼亚语　爱沙尼亚语　马耳他语　哈萨克语　乌兹别克语　祖鲁语　拉丁语　翻译　商务英语

0503 新闻传播学类

新闻学　广播电视学　广告学　传播学　编辑出版学　T 网络与新媒体　T 数字出版

06 学科门类：历史学

0601 历史学类

历史学　世界史　考古学　文物与博物馆学　T 文物保护技术　T 外国语言与外国历史（可授历史学或文学学士学位）

07 学科门类：理学

0701 数学类

数学与应用数学　信息与计算科学　T 数理基础科学

0702 物理学类

物理学　应用物理学　核物理

0703 化学类

化学　应用化学（可授理学或工学学士学位）　T 化学生物学　T 分子科学与工程

0704 天文学类

天文学

0705 地理科学类

地理科学　自然地理与资源环境（可授理学或管理学学士学位）　人文地理与城乡规划（可授理学或管理学学士学位）　地理信息科学

0706 大气科学类

大气科学　应用气象学

0707 海洋科学类

海洋科学　海洋技术（可授理学或工学学士学位）　海洋资源与环境　T 军事海洋学

0708 地球物理学类

地球物理学　空间科学与技术（可授理学或工学学士学位）

0709 地质学类

地质学　地球化学　T 地球信息科学与技术（可授理学或工学学士学位）　T 古生物学

0710 生物科学类

生物科学　生物技术（可授理学或工学学士学位）　生物信息学（可授理学或工学学士学位）　生态学

0711　心理学类

心理学（可授理学或教育学学士学位）　应用心理学（可授理学或教育学学士学位）

0712 统计学类

统计学　应用统计学

08 学科门类：工学

0801 力学类

理论与应用力学（可授工学或理学学士学位）　工程力学

0802 机械类

机械工程　机械设计制造及其自动化　材料成型及控制工程　机械电子工程　工业设计　过程装备与控制工程　车辆工程　汽车服务工程　T 机械工艺技术　T 微机电系统工程　T 机电技术教育　T 汽车维修工程教育

0803 仪器类

测控技术与仪器

0804 材料类

材料科学与工程　材料物理（可授工学或理学学士学位）　材料化学（可授工学或理学学士学位）　冶金工程　金属材料工程　无机非金属材料工程　高分子材料与工程　复合材料与工程　T 粉体材料科学与工程　T 宝石及材料工艺学　T 焊接技术与工程　T 功能材料　T 纳米材料与技术　T 新能源材料与器件

0805 能源动力类

能源与动力工程　T 能源与环境系统工程　T 新能源科学与工程

0806 电气类

电气工程及其自动化　T 智能电网信息工程　T 光源与照明　T 电气工程与智能控制

0807 电子信息类

电子信息工程（可授工学或理学学士学位）　电子科学与技术（可授工学或理学

学士学位）通信工程　微电子科学与工程（可授工学或理学学士学位）　光电信息科学与工程（可授工学或理学学士学位）　信息工程　T 广播电视工程　T 水声工程　T 电子封装技术　T 集成电路设计与集成系统　T 医学信息工程　T 电磁场与无线技术　T 电波传播与天线　T 电子信息科学与技术（可授工学或理学学士学位）　T 电信工程及管理　T 应用电子技术教育

0808 自动化类

自动化　T 轨道交通信号与控制

0809 计算机类

计算机科学与技术（可授工学或理学学士学位）　软件工程　网络工程　K 信息安全（可授工学或理学或管理学学士学位）物联网工程　数字媒体技术（也是艺术学类）　T 智能科学与技术　T 空间信息与数字技术　T 电子与计算机工程

0810 土木类

土木工程　建筑环境与能源应用工程　给排水科学与工程　建筑电气与智能化　T 城市地下空间工程　T 道路桥梁与渡河工程

0811 水利类

水利水电工程　水文与水资源工程　港口航道与海岸工程　T 水务工程

0812 测绘类

测绘工程　遥感科学与技术　T 导航工程　T 地理国情监测

0813 化工与制药类

化学工程与工艺　制药工程　T 资源循环科学与工程　T 能源化学工程　T 化学工程与工业生物工程

0814 地质类

地质工程　勘查技术与工程　资源勘查工程　T 地下水科学与工程

0815 矿业类

采矿工程　石油工程　矿物加工工程　油气储运工程　T 矿物资源工程　T 海洋油气工程

0816 纺织类

纺织工程　服装设计与工程（可授工学或艺术学学士学位）　T 非织造材料与工程　T 服装设计与工艺教育

0817 轻工类

轻化工程　包装工程　印刷工程

0818 交通运输类

交通运输　交通工程　K 航海技术　K 轮机工程　K 飞行技术　T 交通设备与控制工程　T 救助与打捞工程　TK 船舶电子电气工程

0819 海洋工程类

船舶与海洋工程　T 海洋工程与技术　T 海洋资源开发技术

0820 航空航天类

航空航天工程　飞行器设计与工程　飞行器制造工程　飞行器动力工程　飞行器环境与生命保障工程　T 飞行器质量与可靠性　T 飞行器适航技术

0821 兵器类

武器系统与工程　武器发射工程　探测制导与控制技术　弹药工程与爆炸技术　特种能源技术与工程　装甲车辆工程　信息对抗技术

0822 核工程类

核工程与核技术　辐射防护与核安全　工程物理　核化工与核燃料工程

0823 农业工程类

农业工程　农业机械化及其自动化　农业电气化　农业建筑环境与能源工程　农业水利工程

0824 林业工程类

森林工程　木材科学与工程　林产化工

0825 环境科学与工程类

环境科学与工程　环境工程　环境科学（可授工学或理学学士学位）　环境生态工程　T 环保设备工程　T 资源环境科学（可授工学或理学学士学位）　T 水质科学与技术

0826 生物医学工程类

生物医学工程（可授工学或理学学士学位）　T 假肢矫形工程

0827 食品科学与工程类

食品科学与工程（可授工学或农学学士学位）　食品质量与安全　粮食工程　乳品工程　酿酒工程　T 葡萄与葡萄酒工程　T 食品营养与检验教育　T 烹饪与营养教育

0828 建筑类

建筑学　城乡规划　风景园林（可授工学或艺术学学士学位）　T 历史建筑保护工程

0829 安全科学与工程类

安全工程

0830 生物工程类

生物工程　T 生物制药

0831 公安技术类

K 刑事科学技术　K 消防工程　TK 交通管理工程　TK 安全防范工程　TK 公安视听技术　TK 抢险救援指挥与技术　TK 火灾勘查　TK 网络安全与执法　TK 核生化消防

09 学科门类：农学

0901 植物生产类

农学　园艺　植物保护　植物科学与技术　种子科学与工程　设施农业科学与工程（可授农学或工学学士学位）　T 茶学　T 烟草　T 应用生物科学（可授农学或理学学士学位）　T 农艺教育　T 园艺教育

0902 自然保护与环境生态类

农业资源与环境　野生动物与自然保护区管理　水土保持与荒漠化防治

0903 动物生产类

动物科学　T 蚕学　T 蜂学

0904 动物医学类

动物医学　动物药学　T 动植物检疫（可授农学或理学学士学位）

0905 林学类

林学　园林　森林保护

0906 水产类

水产养殖学　海洋渔业科学与技术

0907 草学类

草业科学

10 学科门类：医学

1001 基础医学类

K 基础医学

1002 临床医学类

K 临床医学 TK 麻醉学 TK 医学影像学 TK 眼视光医学 TK 精神医学 TK 放射医学

1003 口腔医学类

K 口腔医学

1004 公共卫生与预防医学类

K 预防医学 食品卫生与营养学（授予理学学士学位） TK 妇幼保健医学 TK 卫生监督学 TK 全球健康学（授予理学学士学位）

1005 中医学类

K 中医学 K 针灸推拿学 K 藏医学 K 蒙医学 K 维医学 K 壮医学 K 哈医学

1006 中西医结合类

K 中西医临床医学

1007 药学类

药学（授予理学学士学位） 药物制剂（授予理学学士学位） TK 临床药学（授予理学学士学位） T 药事管理（授予理学学士学位） T 药物分析（授予理学学士学位） T 药物化学（授予理学学士学位） T 海洋药学（授予理学学士学位）

1008 中药学类

中药学（授予理学学士学位） 中药资源与开发（授予理学学士学位） T 藏药学（授予理学学士学位） T 蒙药学（授予理学学士学位） T 中药制药（可授理学或工学学士学位） T 中草药栽培与鉴定（授予理学学士学位）

1009 法医学类

K 法医学

1010 医学技术类

医学检验技术（授予理学学士学位） 医学实验技术（授予理学学士学位） 医学影像技术（授予理学学士学位） 眼视光学（授予理学学士学位） 康复治疗学

（授予理学学士学位） 口腔医学技术（授予理学学士学位） 卫生检验与检疫（授予理学学士学位） T 听力与言语康复学

1011 护理学类

护理学（授予理学学士学位）

12 学科门类：管理学

1201 管理科学与工程类

管理科学（可授管理学或理学学士学位） 信息管理与信息系统（可授管理学或工学学士学位） 工程管理（可授管理学或工学学士学位） 房地产开发与管理 工程造价（可授管理学或工学学士学位） TK 保密管理

1202 工商管理类

K 工商管理 市场营销 K 会计学 财务管理 国际商务 人力资源管理 审计学 资产评估 物业管理 文化产业管理（可授管理学或艺术学学士学位） T 劳动关系 T 体育经济与管理 T 财务会计教育 T 市场营销教育

1203 农业经济管理类

农林经济管理 农村区域发展（可授管理学或农学学士学位）

1204 公共管理类

公共事业管理 行政管理 劳动与社会保障 土地资源管理（可授管理学或工学学士学位） 城市管理 TK 海关管理 T 交通管理（可授管理学或工学学士学位） T 海事管理 T 公共关系学

1205 图书情报与档案管理类

图书馆学 档案学 信息资源管理

1206 物流管理与工程类

物流管理 物流工程（可授管理学或工学学士学位） T 采购管理

1207 工业工程类

工业工程（可授管理学或工学学士学位） T 标准化工程 T 质量管理工程

1208 电子商务类

电子商务（可授管理学或经济学或工学学士学位） T 电子商务及法律

1209 旅游管理类

K 旅游管理 酒店管理 会展经济与管理 T 旅游管理与服务教育

13 学科门类：艺术学

1301 艺术学理论类

艺术史论

1302 音乐与舞蹈学类

音乐表演　音乐学　作曲与作曲技术理论　舞蹈表演　舞蹈学　舞蹈编导

1303 戏剧与影视学类

表演　戏剧学　电影学　戏剧影视文学　广播电视编导　戏剧影视导演　戏剧影视美术设计　录音艺术　播音与主持艺术　动画　T 影视摄影与制作

1304 美术学类

美术学　绘画　雕塑　摄影　T 书法学　T 中国画

1305 设计学类

艺术设计学　视觉传达设计　环境设计　产品设计　服装与服饰设计　公共艺术　工艺美术　数字媒体艺术（工学交叉学科）　T 艺术与科技

注：新目录分为基本专业（352种）和特设专业（154种）两部分，共506个专业，专业类92个。“T”表示特设专业，“K”表示国家控制布点专业，其他为基本专业。

后　记

高考志愿填报作为中国现代的一大发明，至今已经走过了 1.0、2.0 和 3.0 三个阶段。第一阶段是“走得了”，我们称之为 1.0 阶段。填报理念是“冲一冲、稳一稳、保一保”，讲究的是确保录取。突出表现在计划经济时期，无论什么院校、什么专业，只要大学毕业就能“安排”工作。随着改革开放的深入，人才竞争和就业压力日益激烈，人们对高校的层次和教育质量开始关注，“不高分低就”“不浪费分”“压线走名校”逐渐取代了保守的“走得了”，开始追求“走得巧”，志愿填报进入 2.0 阶段。但是此阶段考生对于学什么专业，将来做什么，依然是迷茫的。近几年，随着就业压力的增加和社会分工的细化以及人们对幸福指数的追求，霍兰德的“人职匹配”理论越来越被人们所接受，人们开始追求“走得好”，志愿填报进入 3.0 阶段，即所谓的以终为始进行职业生涯的规划：填报志愿之前清楚自己适合什么、兴趣在哪里，潜能在什么领域，匹配哪些行业和职业，学哪些专业可以适合自己，所学专业的职业方向在哪里……

然而，对于一个高中学生抑或对于一个普通家长来说，弄清楚这些问题是不现实的，高考志愿填报服务机构必须承担起这个责任。未来人才高考志愿研究院便是在此背景下产生的。让孩子们将来带着浓厚的兴趣，愉悦地去从事适合自己的工作是我们最朴素的目标。12 年的寒窗苦读，今后一生的幸福，几乎取决于高考志愿填报的一瞬间。作为高考志愿规划师会有足够的知识储备服务考生，但是作为职业生涯主体的考生更需要对此有所认知。可惜的是，大多数学生对所学专业并不了解。不了解所学专业，何谈生涯规划？

2014 年一个会员的一句问话成为我们编写本书的直接原因。那是一个优秀的理工男，当年高考成绩 631 分，出分后的第二天匆匆来到“未来人才”寻求填报指导。根据考生及家庭的特点，我们为其设计了哈尔滨工程大学的水声工程专业。水声工程专业源于 1953 年中国人民解放军军事工程学院的声呐专业。2011 年国家根据未来海军发展需要，批准在哈尔滨工程大学与西北工业大学设置新兴战略性专业。全国唯一水声工程院士和重点实验室都在哈尔滨工程大学，学校的水声工程排名全国第一。然而，在有限的一个多小时里既要计算等价分，又要选择大学和专业，还要涉及招生政策和专业安排方式等，只能让考生回去详细了解大学和专业。没想到的是当考生及家长拿着哈尔滨工程大学水声专业录取通知书来向我们报喜时问了一句话：“老师，这个专业将来干什么呀？我在网上和书上查了很多，但还是不太清楚。”我汗颜了，为没有能在有限的时间内说明白此专业而愧疚和无奈。一个即将把一生绑定在祖国的水声事业和国防建设的人竟然对其职业方向一无所知，这不仅是一种悲哀，对孩子也是一种不公平。打开百度百科、搜狗百科和手边的几本工具书果然如考生所说，无论是专业介绍、培养目标还是就业前景的叙述都太专业，术语一大堆，学生和家长很难看懂。此事坚定了我们尽快编写一本通俗易懂，受众为广大家长和考生的工具书，重点回答“学完干什么”的问题。

历时一年多，《小专业撬动大未来——76类专业解读 360度人生规划》终于付梓出版，原以为可以松一口气排解一下疲惫，然而心里更沉重了——不知能否如编写初衷成为一本“通俗而不失科学”的工具书让受众有所帮助，只能交给家长和考生打分了。

本书的编委全部是“未来人才”的高考志愿规划师，他们从构思立意到成书几易其稿，付出了艰辛的劳动，倾注了大量的心血。特别是有幸请到吕迎春教授为本书作序，在此表示感谢。

高爱玲

2017年5月